Auxiliando a humanidade a encontrar a Verdade

FORMAS DE PENSAMENTO

Annie Besant e C. W. Leadbeater

FORMAS DE PENSAMENTO

© 2008 – Editora do Conhecimento

Formas Pensamento
Annie Besant e C. W. Leadbeater

Título original: *Thought Forms*

Todos os direitos desta edição reservados à
CONHECIMENTO EDITORIAL LTDA
www.edconhecimento.com.br
conhecimento@edconhecimento.com.br
Caixa Postal 404 – CEP 13480-970
Limeira – SP – Fone: 19 3451-5440

Nos termos da lei que resguarda os direitos autorais, é proibida a reprodução total ou parcial, de qualquer forma ou por qualquer meio – eletrônico ou mecânico, inclusive por processos xerográficos, de fotocópia e de gravação – sem permissão, por escrito, do editor.

Tradução:
Mariléa de Castro
Projeto Gráfico:
Sérgio Carvalho

ISBN 978-85-7618-163-7

• Impresso no Brasil • *Presita en Brazilo*

Produzido no departamento gráfico da
EDITORA DO CONHECIMENTO
e-mail: grafica@edconhecimento.com.br

Dados Internacionais de Catalogação na Publicação (CIP)
(Câmara Brasileira do Livro, SP, Brasil)

Besant, Annie Wood, 1847-1933
  Formas Pensamento / Annie Besant, C. W. Leadbeater; tradução Mariléa de Castro. – 1ª ed. – Limeira, SP : Editora do Conhecimento, 2008.

  Título original: *Thought Forms*
  Bibliografia
  ISBN 978-85-7618-163-7

  1. Pensamento - aspectos religiosos - Teosofia 2. Teosofia - Doutrinas I. Leadbeater, C. W. II. Título.

08-10554   CDD 299.934

Índice para catálogo sistemático:
1. Formas de pensamento : Teosofia : 299.934

Annie Besant
C. W. Leadbeater

FORMAS DE PENSAMENTO

Tradução
Mariléa de Castro

1ª Edição – 2008

Edições originais:
1ª edição 1901
2ª edição 1905
3ª edição 1925

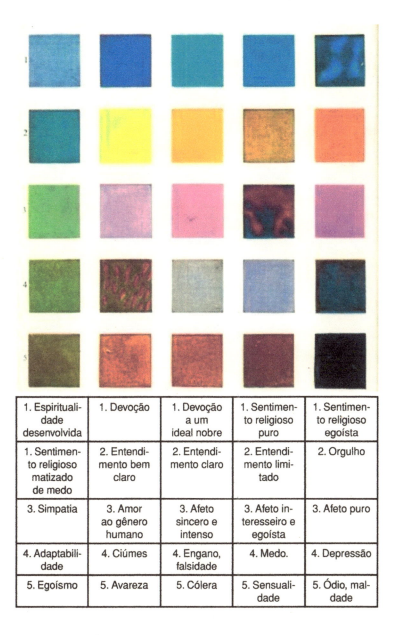

1. Espirituali-dade desenvolvida	1. Devoção	1. Devoção a um ideal nobre	1. Sentimento religioso puro	1. Sentimento religioso egoísta
1. Sentimento religioso matizado de medo	2. Entendimento bem claro	2. Entendimento claro	2. Entendimento limitado	2. Orgulho
3. Simpatia	3. Amor ao gênero humano	3. Afeto sincero e intenso	3. Afeto interesseiro e egoísta	3. Afeto puro
4. Adaptabili-dade	4. Ciúmes	4. Engano, falsidade	4. Medo.	4. Depressão
5. Egoísmo	5. Avareza	5. Cólera	5. Sensualidade	5. Ódio, maldade

Sumário

Prefácio 13
Introdução 15
Formas de Pensamento 17
A dificuldade de representação 22
Os dois efeitos do pensamento 27
Como age a vibração 29
A forma e seu efeito 31
Princípios Gerais 38
O significado das cores 38
Três tipos de formas de pensamento 42
Exemplos de formas de pensamento
    Afeto 47
    Devoção 52
    Intelecto 59
    Ambição 61
    Raiva 63
    Ciúme 65
    Compaixão 66
    Medo 67
    Ganância 68

Diversas emoções
    Num naufrágio 70
    Noite de estréia 72
    Os jogadores 73
    Num acidente de rua 74
    Num funeral 75
    Encontro com um amigo 78
    Contemplação de um quadro 79

Formas que aparecem durante a meditação
    Compaixão e amor por todos 81
    Anseio de envolver a todos 82
    Nas seis direções 84
    Uma concepção intelectual da ordem cósmica 87
    O Logos manifestado no homem 87
    O Logos que tudo permeia 88
    Uma outra concepção 89
    A manifestação trina 90
    A manifestação sétupla 90
    Aspiração intelectual 91

Pensamentos de Auxílio 94

Formas construídas pela música 99
    Mendelssohn 102
    Gounod 105
    Wagner 108

Ilustrações

Frontispício – O significado das cores
Fig. 1 – Placa sonora de Chladni
Fig. 2 – Formas produzidas na areia
Fig. 3 – Formas produzidas na areia
Figs. 4-7 – Formas produzidas por pêndulos
Fig. 8 – Amor vago e puro
Fig. 9 – Amor vago e egoísta
Fig. 10 – Amor definido
Fig. 11 – Amor irradiante
Fig. 12 – Paz e proteção
Fig. 13 – Busca de amor animalizado
Fig. 14 – Sentimento religioso difuso
Fig. 15 – Impulso de devoção para o alto
Fig. 16 – Auto-renúncia
Fig. 17 – Resposta à devoção
Fig. 18 – Vago prazer intelectual
Fig. 18A – Compaixão vaga
Fig. 19 – A intenção de saber
Fig. 20 – Ambição elevada
Fig. 21 – Ambição egoísta
Fig. 22 – Raiva assassina
Fig. 23 – Cólera prolongada
Fig. 24 – Raiva explosiva
Fig. 25 – Ciúme desconfiado
Fig. 26 – Ciúme colérico
Fig. 27 – Terror súbito
Fig. 28 – Ganância egoísta
Fig. 29 – Avidez pela bebida
Fig. 30 – Num naufrágio

Fig. 31 – Noite de estréia
Fig. 32 – Os jogadores
Fig. 33 – Num acidente de rua
Fig. 34 – Num funeral
Fig. 35 – Encontro com um amigo
Fig. 36 – Contemplação de um quadro
Fig. 37 – Compaixão e amor por todos
Fig. 38 – Anseio de envolver a todos
Fig. 39 – Nas seis direções
Fig. 40 – Uma concepção intelectual da ordem cósmica
Fig. 41 – O Logos manifesto no homem
Fig. 42 – O Logos que tudo permeia
Fig. 43 – A aspiração intelectual
Fig. 44 – O Logos que tudo permeia
Fig. 45 – Uma outra concepção
Fig. 46 – A manifestação trina
Fig. 47 – A manifestação sétupla
Fig. 48 – Pensamentos de auxílio
Fig. 49 – Pensamentos de auxílio
Fig. 50 – Pensamentos de auxílio
Fig. 51 – Pensamentos de auxílio
Fig. 52 – Pensamentos de auxílio
Fig. 53 – Pensamentos de auxílio
Fig. 54 – Pensamentos de auxílio

Prancha M – Música de Mendelssohn
Prancha G – Música de Gounod
Prancha W – Música de Wagner

(Nota: algumas das figuras são inseridas fora de seqüência para corresponder às referências no texto).

Prefácio

O texto deste pequeno livro é um trabalho que fizemos em conjunto, o sr. Leadbeater e eu; partes dele foram publicadas como artigo em *Lúcifer* (agora chamada *Theosophical Review*), mas a maior parte dele é nova. O desenho e a pintura das formas de pensamento analisadas pelo sr. Leadbeater, por mim, ou por nós dois juntos, foram feitos por três amigos – o sr. John Varley, o sr. Prince, e a senhorita Macfarlane, a quem agradecemos sinceramente. Pintar em opacas tonalidades terrestres as formas revestidas da vívida luz de outros planos é uma tarefa difícil e ingrata; assim, somos imensamente gratos àqueles que o fizeram. Teriam que usar chamas de cor, e dispunham apenas de cores terrestres. Temos que agradecer também ao senhor F. Bligh Bond por permitir o uso de seu ensaio sobre *Formas Vibratórias* e alguns de seus excelentes desenhos. A outro amigo que nos mandou algumas notas e desenhos, e que insiste em permanecer anônimo, podemos apenas agradecer da mesma forma.

Introdução

Esperamos sinceramente – e acreditamos – que este pequeno livro venha a servir como uma viva lição moral para cada leitor, fazendo-o perceber a natureza e o poder de seus pensamentos, sendo um estímulo para os espíritos nobres, e um ponto de partida. É com esta crença e esperança que o lançamos.

Annie Besant

Formas de pensamento

À medida que o conhecimento se expande, a atitude da ciência em relação às coisas do mundo invisível vem passando por algumas alterações. Sua atenção não está mais direcionada apenas à terra, com sua diversidade de objetos, ou ao mundo físico à nossa volta; viu-se forçada a olhar mais além e formular hipóteses sobre a natureza da matéria e da energia de regiões situadas além do alcance de seus instrumentos.

O éter já conquistou uma posição confortável nos domínios científicos, tornando-se mais do que uma hipótese. O mesmerismo, agora batizado de hipnose, não é mais um excluído. As experiências de Reichenbach ainda são vistas com desconfiança, embora não sejam de todo condenadas. Os raios roentgen modificaram algumas das antigas idéias sobre a matéria, o rádio as revolucionou e está levando a ciência para além da fronteira do éter, em direção ao mundo astral. As fronteiras entre a matéria animada e a inanimada foram dissolvidas. Descobre-se que os imãs têm poderes incomuns, tratando certas doenças de um modo cuja explicação ainda é pouco satisfatória. A telepatia, a clarividência, o movimento sem contato (telecinesia), embora ainda não admitidos pela ciência, estão se aproximando do estágio de aceitação.[1]

O fato é que a ciência levou suas pesquisas tão longe, usou uma engenhosidade tão incomum no questionamento da natureza, demonstrou uma paciência tão incansável em suas pesquisas, que os investigadores estão sendo recompensados, e as forças e seres do plano superior mais próximo começam a aparecer nos limites do plano físico. "A natureza não dá saltos", e à medida que o físico se aproxima dos confins de seus domínios, fica desconcertado pelos acenos e cintilações de um outro reino que interpenetra o seu. Vê-se forçado a especular sobre presenças invisíveis, nem que seja para encontrar uma explicação racional para fenômenos físicos inquestionáveis, e sem querer ultrapassa o limite e está, embora não se dê conta, contatando o plano astral.

Um dos caminhos mais interessantes que levam do físico ao astral é o estudo do pensamento. O cientista ocidental, baseando-se na anatomia e fisiologia do cérebro, esforça-se para fazer delas as bases de uma "psicologia concreta". Chega então à área dos sonhos, das ilusões e alucinações; e enquanto se empenha em elaborar uma ciência experimental que as classifica e ordena, o mergulho no plano astral se torna inevitável. O dr. Baraduc, de Paris, quase atravessou a fronteira, e está a caminho de fazer fotografias astro-mentais, com imagens daquilo que, do ponto de vista mate-

---

[1] As pesquisas de laboratório do (entre outros) dr. J. B. Rhine, iniciador da parapsicologia, na Universidade de Duke, sobre telepatia, precognição, clarividência e telecinésia foram tão precisas, científicas e conclusivas que só a perene atitude anticientífica da *ciência oficial* explica o não terem sido admitidas ainda como realidades. As forças armadas dos Estados Unidos e da União Soviética têm empregado famosos sensitivos em projetos dessas áreas, com finalidades militares – longe dos olhares do público. Vide a propósito, entre outros, o famoso *Experiências Psíquicas atrás da Cortina de Ferro* (N.T.).

rialista, seriam os resultados de vibrações da matéria cinzenta do cérebro.

Os que se interessam pelo assunto sabem há muito tempo que se pode obter, pela incidência de raios ultravioletas, imagens de objetos não visíveis aos raios do espectro luminoso comum. Por vezes as declarações dos clarividentes foram corroboradas pelo aparecimento, em chapas fotográficas, de figuras vistas e descritas por eles, embora indetectáveis à visão comum.[2]

Não é possível, num julgamento imparcial, rejeitar *in totum* a evidência desses fatos, relatados por homens íntegros, a partir de seus experimentos, muitas vezes repetidos. E agora há investigadores que se dedicam a obter imagens de formas sutis, criando métodos especiais com o objetivo de reproduzi-las. Entre eles, o dr. Baraduc parece ter tido o êxito maior, e publicou um livro sobre suas pesquisas, contendo reproduções das fotografias que obteve. O dr. Baraduc declara que está pesquisando as forças sutis através das quais a alma – definida como a inteligência que opera entre o corpo e o espírito – se expressa, procurando registrar seus movimentos por meio de uma agulha, e suas vibrações "luminosas" mas invisíveis, imprimindo-as em chapas sensíveis. Utilizando não-condutores, eliminou a ação do calor e da eletricidade.

Deixemos de lado suas experiências em biometria (medição da vida através dos movimentos) e passemos às de iconografia – impressões de ondas invisíveis, consideradas por ele como da mesma natureza da luz, e nas quais a alma impri-

---
2 Embora as fotos kirlian – reproduzíveis facilmente por qualquer pesquisador que se interesse – já tenham comprovado de sobejo a realidade do nível etérico, e constituam uma possibilidade fascinante tanto para a medicina (a pré-diagnose de uma enfermidade antes que ela apareça ao nível físico denso!) como para a filosofia, a atitude repetitiva da "ciência" é de solene desinteresse (N.T.).

me sua própria imagem. Uma boa quantidade dessas fotografias representa os efeitos etéricos e magnéticos de fenômenos físicos, e podem ser deixadas de lado por não dizerem respeito ao nosso assunto, embora sejam em si mesmas interessantes. O dr. Baraduc obteve várias figuras ao pensar com firmeza em um objeto, e o efeito produzido pela forma de pensamento apareceu na chapa sensível; dessa maneira, tentou projetar a imagem de uma mulher (falecida) que ele havia conhecido, e produziu uma figura, ao pensar sobre um desenho que havia feito dela em seu leito de morte. Ele afirma, com propriedade, que a criação de um objeto se dá pelo trânsito de uma imagem através da mente e sua conseqüente materialização, e busca o efeito químico causado sobre os sais de prata por essa imagem criada pelo pensamento. Uma das imagens, impressionante, é a de uma energia irradiando-se para fora – é a projeção de alguém que reza com fervor. Outra pessoa rezando produz formas como da folhagem de uma samambaia, e outra como uma chuva jorrando para o alto, se podemos usar essa expressão. Três pessoas que pensam sobre seus laços de afeto projetam uma figura oblonga ondulada. Um menino entristecido acariciando um pássaro morto é envolvido por um fluxo de linhas curvas entrelaçadas, de perturbação emocional. Um sentimento de profunda tristeza produz um vórtice marcante.

Olhando para essa série interessante e sugestiva, fica claro que nessas imagens o que se obtém não é a imagem do pensamento, mas o efeito causado na matéria etérica por suas vibrações, e é necessário que se veja os pensamentos por meio da clarividência a fim de entender as imagens produzidas. Na realidade, as ilustrações são instrutivas tanto pelo que não mostram de forma direta, como pelas imagens que aparecem.

Poderá ser útil apresentar aos estudiosos, mais claramente do que já se conhece, alguns dos fatos da natureza que tornarão mais inteligíveis os resultados obtidos pelo dr. Baraduc. Uma câmera fotográfica física e chapas, necessariamente imperfeitas, não são instrumentos ideais para pesquisa astral; mas como veremos, são muito interessantes e valiosas como um elo entre as pesquisas clarividentes e as científicas.

Atualmente, estudiosos de fora da Sociedade Teosófica estão se interessando pelo fato de que as alterações emocionais se revelam através de mudanças de cor no ovóide ou aura que envolve todos os seres vivos. Artigos sobre esse assunto estão surgindo em jornais não relacionados com a Sociedade Teosófica, e um médico especialista[3] reuniu um grande número de casos nos quais a cor da aura de pessoas de vários tipos e temperamentos foi registrada por ele. Seus resultados se assemelham muito àqueles a que chegaram os clarividentes teosofistas e outros, e a unanimidade geral sobre o assunto é suficiente para definir o fato – se julgarmos as evidências pelos padrões comuns aplicáveis ao testemunho humano.

A obra *O Homem Visível e Invisível* trata do tema geral da aura. Este pequeno livro, escrito pelo mesmo autor daquele e por uma colega teosófica, pretende levar o assunto mais adiante; e acreditamos que este estudo seja útil para deixar marcados na mente do estudioso quão poderosos e vivos são o pensamento e o desejo, e que influência exercem em todos os que atingem.

---
[3] Dr. Hooker, Gloucester Place, Londres.

Dificuldade de representação

Temos ouvido dizer com freqüência que os pensamentos são coisas, e muitos acreditam nesta afirmação. Contudo, poucos possuem uma idéia clara de que tipo de coisa é o pensamento, e o objetivo deste livrinho é nos ajudar a entender isso. Algumas dificuldades sérias se apresentam, pois nossa concepção do espaço está limitada às três dimensões, e quando tentamos desenhar nos limitamos quase que somente a duas. Na realidade, mesmo a representação de objetos tridimensionais é imperfeita, pois é difícil que uma linha ou ângulo em nosso desenho seja mostrado de forma correta. Se uma estrada atravessa a imagem, a parte em primeiro plano deve ser representada muito mais larga que a do fundo, embora na realidade a sua largura seja igual. Se desenharmos uma casa, os ângulos retos dos cantos serão agudos ou obtusos, conforme o caso, mas nunca como verdadeiramente são. De fato, desenhamos as coisas não como são, mas como aparentam ser, e o esforço do artista deve ser de molde a, com uma disposição hábil das linhas sobre a superfície plana, dar ao olho uma impressão semelhante àquela causada pelo objeto tridimensional.

Isso é possível somente porque os objetos já são familiares àqueles que olham o quadro e aceitam a sugestão que ele transmite. Uma pessoa que nunca tivesse visto uma árvore poderia ter somente uma vaga idéia do que seja, mesmo através da mais hábil pintura. Se a esta dificuldade acrescentarmos outra mais séria ainda, que é a da limitação da consciência, supondo que estejamos mostrando a imagem a alguém que conheça apenas duas dimensões, veremos como é impossível dar-lhe uma impressão adequada de uma paisagem que contemplamos.

Essa mesma dificuldade, e da forma mais grave, se apresenta quando tentamos desenhar a mais simples das formas de pensamento. A grande maioria das pessoas que olha para uma imagem acha-se limitada à consciência tridimensional, e além disso, não tem a mínima idéia daquele mundo interno a que pertencem as formas de pensamento, com todas as suas luzes e cores esplêndidas. O máximo que podemos fazer é representar uma parte da forma de pensamento; e aqueles cujas faculdades lhes permitem ver o original só poderão ficar desapontados ao ver essa reprodução. Mesmo assim, os que hoje ainda não têm a capacidade de ver terão pelo menos uma compreensão parcial – que embora inadequada, será melhor do que nada.

Todos os estudiosos sabem que o que é chamado de aura humana é a parte externa, que parece uma névoa, da substância de seus corpos superiores, interpenetrando-se e se estendendo além dos limites do corpo físico, o menor de todos. Sabem também que dois corpos, o corpo mental e o de desejos, são os dois diretamente relacionados com o que se chama de formas de pensamento. Mas para que o assunto possa ficar claro para todos, e não apenas para os estudiosos já familiarizados com os ensinos teosóficos, não será demais uma recapitulação dos fatos principais.

O homem, o Pensador, é revestido por um corpo composto de inúmeras combinações da matéria sutil do plano mental, que é mais ou menos refinado em seus componentes e organizado de maneira mais ou menos perfeita para cumprir suas funções, de acordo com o estágio de desenvolvimento intelectual que o homem atingiu. O corpo mental é um objeto de grande beleza, e a delicadeza e o movimento rápido de suas partículas lhe conferem um aspecto de luz iridescente viva, e sua beleza torna-se de um encanto extraordinariamente radioso e fascinante à medida que o intelecto se torna mais evoluído e é utilizado quase que exclusivamente para assuntos puros ou sublimes. Cada pensamento faz surgir um conjunto de vibrações correlatas na matéria desse corpo, acompanhadas por um jogo de cores maravilhoso, como do véu de uma cascata atravessada pelos raios do sol, elevado à enésima potência da delicadeza e vivacidade de cores. O corpo, sob esse impulso, emite uma porção de si próprio, cuja forma é moldada pelo tipo das vibrações – como as figuras que são desenhadas na areia colocada sobre um disco que vibra ao som de uma nota musical – e ela capta, da atmosfera circundante, matéria com a mesma qualidade da sua, da essência elementar do mundo mental. Temos então uma forma de pensamento pura e simples, que é uma entidade viva de intensa atividade, animada pela idéia que a gerou. Se for feita do tipo mais sutil de matéria, terá grande poder e energia, e pode ser usada como um agente poderoso quando direcionada por uma vontade forte e contínua. Entraremos nos detalhes dessa utilização mais adiante.

Quando a energia do homem flui para o exterior em direção aos objetos externos do desejo, ou está ocupada por atividades passionais ou emocionais, essa energia opera num tipo de matéria menos sutil que a mental – a do mundo astral. O que é chamado de corpo de desejos é composto dessa matéria, e forma a parte mais saliente da aura do homem não evoluído. Quando o homem pertence a um tipo grosseiro, o corpo de desejos é constituído pela matéria mais densa do plano astral, de coloração escura, com os marrons, os verdes sujos e os vermelhos ocupando grande parte dele. Através deles irão brilhar várias cores características, à medida que suas paixões forem despertadas. Um homem de tipo superior tem seu corpo de desejos composto dos tipos mais elevados da matéria astral, com cores de matizes belos e claros ondulando e brilhando através dele. Embora menos delicado e radiante que o corpo mental, constitui um belo objeto, e à medida que o egoísmo é eliminado, desaparecem todas as nuances escuras e pesadas.

Esse corpo de desejos ou astral dá origem a uma segunda classe de entidades, semelhantes em constituição geral às formas de pensamento já descritas, mas limitadas ao plano astral, e geradas pela mente sob o domínio da natureza animal.

São produzidas pela atuação da mente inferior expressando-se através do corpo astral – a ação de Kama-Manas, na terminologia teosófica, ou a mente dominada pelo desejo. Criam-se vibrações no corpo de desejos, ou corpo astral, e em conseqüência esse corpo exterioriza uma porção de si mesmo, cuja forma é moldada pela natureza das vibrações, e que atrai para si um pouco da essência elementar correspondente, do mundo astral. Essa forma de pensamento tem como corpo essa essência elementar astral, e a alma que a anima é o desejo ou paixão que a fez brotar. A força dessa forma de pensamento depende da quantidade de energia mental combinada com a do desejo ou paixão. Estas formas, como as pertencentes ao plano mental, são chamadas de elementais artificiais, e são de longe as mais comuns, já que poucos pensamentos de homens e mulheres comuns não são afetados pelo desejo, a paixão ou a emoção.

Os dois efeitos do pensamento

Cada pensamento produz um efeito duplo – uma vibração, que se irradia, e uma forma flutuante. O pensamento aparece primeiro, à visão clarividente, como uma vibração do corpo mental, que pode ser simples ou complexa. Se o pensamento for muito simples, haverá apenas a vibração, e só um tipo de matéria mental será especificamente afetada. O corpo mental é composto de matéria de diversos graus de densidade, que costumamos dividir em tipos de acordo com os subplanos. Em cada um deles temos subdivisões, e podemos ordená-las traçando linhas horizontais para indicar os diversos graus de densidade; podemos também desenhar linhas perpendiculares àquelas, para simbolizar tipos que diferem em qualidade tanto quanto em densidade. Assim, há muitas espécies de matéria mental, e cada uma delas tem sua própria freqüência de vibração à qual parece estar bem sincronizada, pois responde prontamente aos seus estímulos e tende a retornar a ela quando forçada a distanciar-se por força de algum pensamento ou sentimento súbito.

Por exemplo, quando uma onda súbita de emoção envolve uma pessoa, seu corpo astral sofre uma agitação violenta, e suas cores originais são de súbito quase obscurecidas pela descarga de carmim, de azul ou de escarlate, que correspondem à freqüência de vibração daquela emoção. Essa alteração é temporária, termina em poucos segundos, e o corpo astral volta rápido a sua condição normal. Ainda assim, cada erupção de sentimento produz um efeito permanente: sempre acrescenta um pouco de seu matiz à coloração normal do corpo astral; assim toda vez que a pessoa se permite ter uma determinada emoção, torna-se mais fácil senti-la novamente, pois o seu corpo astral está se habituando a vibrar nessa determinada freqüência.

A maioria dos pensamentos humanos, entretanto, não é nada simples. Claro, o afeto totalmente puro existe, mas quase sempre o encontramos tingido de orgulho ou egoísmo, ciúme ou paixão animal. Isso significa que pelo menos duas emoções distintas aparecem tanto no corpo mental quanto no corpo astral – com freqüência até mais do que duas. A vibração irradiada, portanto, será complexa, e a forma de pensamento resultante irá ostentar diversas cores ao invés de uma única.

Como age a vibração

As vibrações irradiadas, como todas na natureza, tornam-se menos potentes em proporção à distância de sua fonte, mas é provável que a variação seja proporcional ao cubo da distância ao invés de ao quadrado, por causa da outra dimensão em que atuam. Como outras vibrações, essas tendem a se reproduzir sempre que houver uma oportunidade, e assim, toda vez que atingem outro corpo mental, tendem a provocar nele o próprio ritmo vibratório. Isto é – do ponto de vista de alguém cujo corpo mental seja atingido por essas ondas – elas tendem a produzir na sua mente pensamentos do mesmo tipo que haviam despertado na mente do pensador que irradiou as ondas.

A distância que essas ondas de pensamento alcançam e a força e persistência com que afetam o corpo mental dos outros dependem da força e clareza do pensamento original. Nesse sentido, aquele que pensa está na mesma condição daquele que fala. A voz deste coloca em movimento, através do ar, ondas sonoras que se irradiam dele em todas as direções e transmitem sua mensagem aos que estejam ouvindo, e a distância que sua voz pode atingir depende de sua potência e da clareza do que diz.

Exatamente da mesma forma, um pensamento forte irá mais longe do que o fraco e indeciso, mas a clareza e definição têm importância ainda maior do que a potência. E, como no caso da voz que pode chegar a ouvidos distraídos, de pessoas que estejam ocupadas com negócios ou prazeres, assim também uma onda poderosa de pensamento pode passar sem afetar a mente de um homem, se ele já estiver concentrado em outra linha de pensamento. Deve-se compreender que essa vibração irradiada leva a qualidade do pensamento, mas não o seu conteúdo. Se um indiano sente-se enlevado na sua devoção a Krishna, as ondas de sentimento que emanam dele estimulam o sentimento devocional de todos que ficam sob sua influência, embora no caso do muçulmano essa devoção seja para Alá, enquanto para o zoroastrista ela é dirigida a Ahuramazda, e para os cristãos a Jesus. O homem que pensa com intensidade em assuntos elevados irradia de si vibrações que tendem a despertar pensamentos de natureza semelhante em outros, mas de modo algum induzem nos outros o conteúdo do pensamento. Naturalmente, elas agem com intensidade especial sobre as mentes já habituadas a vibrações de natureza semelhante, mas têm algum efeito sobre qualquer corpo mental que atingem, e sua tendência é despertar a capacidade de ter pensamentos elevados naqueles que ainda não possuem esse hábito. Assim, é evidente que todo homem que pensa de forma elevada está cumprindo uma tarefa nobre, mesmo que seja totalmente inconsciente disso.

A forma e seus efeitos

Consideremos agora o segundo efeito do pensamento, a criação de uma forma definida. Todos os estudiosos do oculto acham-se familiarizados com a idéia da essência elemental, essa vida semi-inteligente que nos envolve por todos os lados, vivificando a matéria dos planos mental e astral. Essa matéria assim animada responde prontamente à influência do pensamento humano; e todo impulso emitido, seja pelo corpo mental ou pelo astral do homem, imediatamente se reveste de um veículo temporário dessa matéria vitalizada. Esse pensamento ou impulso torna-se temporariamente uma espécie de criatura viva, sendo a força do pensamento sua alma e a matéria vivificada seu corpo. Em vez de usar a paráfrase meio desajeitada "a matéria astral ou mental animada pela essência monádica de um dos reinos elementais", os autores teosóficos, a bem da concisão, chamam com freqüência essa matéria vivificada apenas de essência elemental, e às vezes falam da forma de pensamento como "um elemental".

Pode haver uma variedade infinita de cores e formas desses elementais ou formas de pensamento, pois cada pensamento atrai de seu redor a matéria apropriada à sua expressão, e a faz vibrar em harmonia com a sua própria; assim, a natureza do pensamento determina a sua cor, e o estudo de suas variações e combinações é extremamente interessante.

Essa forma de pensamento pode ser adequadamente comparada a uma garrafa de Leyden, sendo o revestimento de essência vivificada simbolizado pela garrafa, e a energia do pensamento pela carga de eletricidade.

Se os pensamentos ou sentimentos do homem forem dirigidos a outra pessoa, a forma de pensamento resultante se move em direção àquela pessoa e é descarregada sobre os corpos mental e astral dela. Se o pensamento do homem for a respeito de si mesmo, ou baseado num sentimento pessoal, como é a maioria dos pensamentos, irá flutuar sobre seu criador e estará sempre pronto a atuar sobre ele toda vez que estiver, em qualquer momento, num estado passivo. Por exemplo, o homem que se rende a pensamentos impuros pode esquecê-los enquanto estiver envolvido na rotina diária de seu trabalho; mesmo assim, as formas resultantes ficam pairando à volta dele como uma nuvem pesada, enquanto sua atenção se acha direcionada para algo diferente, e seu corpo astral não pode ser impressionado por qualquer outra vibração além da que o ocupa. Quando porém a vibração atuante se acalma e o homem descansa, após o trabalho, e esvazia a mente de pensamentos definidos, ele provavelmente irá sentir a vibração da impureza infiltrando-se insidiosa em seu campo vibratório. Se a consciência do homem já estiver de algum modo desperta, poderá perceber isso e dizer que está sendo tentado pelo mal; mas a verdade é que a tentação é externa apenas na aparência, pois é apenas a atuação natural, sobre ele, de suas próprias formas de pensamento.

Cada pessoa viaja pelo espaço aprisionada numa gaiola que ela própria constrói, envolvida por uma massa de formas criadas pelos seus pensamentos habituais. Através desse meio ela olha para o mundo lá fora, e, é lógico, vê tudo colorido com suas cores predominantes, e todas as freqüências vibratórias que chegam até ela vindas de fora são mais ou menos modificadas pela sua própria. Assim, até que o homem aprenda a controlar por completo seus pensamentos e sentimentos, não enxergará nada como é na realidade, pois todas as suas observações são feitas através desse meio que distorce e colore tudo como um vidro de má qualidade.

Se a forma de pensamento nunca fosse de cunho pessoal nem dirigida a alguém determinado, simplesmente flutuaria solta na atmosfera, irradiando sempre vibrações semelhantes àquelas originalmente emanadas por seu criador. Se não entrasse em contato com qualquer outro corpo mental, a irradiação perderia pouco a pouco sua energia, e a forma se fragmentaria; mas se conseguir despertar vibrações favoráveis em algum corpo mental próximo, inicia-se uma atração e a forma de pensamento em geral é absorvida por esse corpo mental. Assim, vemos que a influência da forma de pensamento não tem o mesmo alcance da vibração original;[1] mas quando age, o faz com precisão muito maior. O que ela produz no corpo mental que influencia não é apenas um pensamento de natureza semelhante à daquele que a criou; é, na verdade, o mesmo pensamento.

A onda mental pode afetar milhares de pessoas e provocar nelas pensamentos no mesmo nível do original, e ainda assim pode ser que nenhum deles seja idêntico ao original; a forma de pensa-

[1] A onda mental. Vide, a propósito, a obra *O Corpo Mental*, de Arthur E. Powell (N.T.)

mento pode afetar apenas alguns poucos, mas nesses casos ela irá reproduzir de maneira exata a idéia inicial.

O fato de que uma forma definida, geométrica ou de outro tipo, se cria a partir de vibrações, já é familiar aos estudiosos da acústica, e as figuras de "Chladni" são reproduzidas continuamente em todos os laboratórios de física.

Para o leitor leigo, a breve descrição que se segue poderá ser útil.

Figura 1: Placa sonora de Chladni.

A placa sonora de Chladni (figura 1) é feita de latão ou vidro plano. Grãos de areia fina ou esporos são espalhados sobre sua superfície, e toca-se na borda da placa com um arco de violino. A areia é jogada para o alto pela vibração da placa, e ao cair de volta se dispõe em linhas regulares (figura 2). Tocando-se na borda da

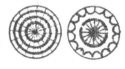

FIG. 2.
Figura 2: Formas produzidas na areia.

placa em pontos diferentes com o arco, são produzidas notas diversas, e em conseqüência se obtém formas diferenciadas (figura 3). Se as figuras aqui apresentadas forem comparadas com as produzidas pela voz humana, se observará muitas semelhanças. Em relação a estas últimas, as "formas vocais" tão estudadas e representadas de forma admirável pela sra. Watt Hughes,[2] testemunhando o mesmo fenômeno, podem ser consultadas, e seu trabalho sobre o assunto deveria ser conhecido por

---

2 *The Eidophone Voice Figures*, de Margaret Watts Hughes.

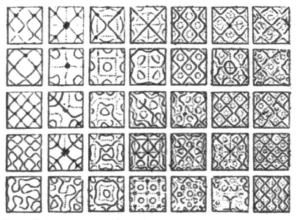

Figura 3: Formas produzidas pelo som.

todos os estudiosos. Mas talvez poucos tenham percebido que as formas apresentadas devem-se à ação das vibrações que as criaram.

Existe uma máquina por meio da qual dois ou mais movimentos simultâneos podem ser transmitidos a um pêndulo, e unindo uma caneta de ponta fina a uma haste conectada ao pêndulo, seu movimento pode ser traçado com exatidão. Substitua-se as oscilações do pêndulo pelas vibrações desencadeadas no corpo mental ou astral, e ter-se-á de forma clara o *modus operandi* da criação de formas por meio de vibrações.[3]

A descrição seguinte é tirada de um ensaio muito interessante intitulado *Vibration Figures* (Figuras Vibratórias), de autoria de F. Bligh Bonde, F.R.I.B.A., que desenhou muitas figuras notáveis usando pêndulos.

O pêndulo é suspenso na lâmina de uma faca de aço, e pode oscilar apenas em ângulos retos em relação à lâmina da faca que o sustenta. Quatro pêndulos podem ser acoplados em pares, oscilando em ângulos retos uns em relação aos outros, por

---
[3] O sr. Joseph Gould, da Stratford House, Nottingham, fornece o pêndulo elíptico duplo que produz essas figuras maravilhosas.

fios conectados aos eixos de cada par de pêndulos na extremidade de um sarrafo leve e rígido, do centro do qual correm outros fios; estes fios transmitem os movimentos de cada par de pêndulos para um quadrado de madeira leve, suspenso por uma mola, contendo uma caneta. A caneta é controlada pelo movimento combinado dos quatro pêndulos, e esse movimento é registrado numa prancheta pela caneta. Não há limite, teoricamente, para o número de pêndulos que podem ser combinados desse modo. Os movimentos são retilíneos, mas duas vibrações retilíneas de amplitude igual, atuando em ângulos retos uma à outra, criam um círculo se elas se alternam com precisão, ou uma elipse se as alternâncias são menos regulares ou as amplitudes desiguais. Uma vibração cíclica também pode ser obtida por um pêndulo que oscile circularmente. Desse modo, foi obtida uma série maravilhosa de desenhos, e sua similaridade com algumas das formas de pensamento é notável. São suficientes para demonstrar como as vibrações podem ser prontamente transformadas em figuras. Assim, compare a figura 4 com a figura 12, a prece da mãe, ou a figura 5 com a figura 10, ou a figura 6 com a figura 25, as formas de flechas serpentiformes. A figura 7 ilustra a complexidade alcançada.

Parece-nos extraordinário que alguns dos desenhos, feitos de forma aleatória com o uso deste aparelho, sejam iguais a alguns tipos elevados de formas de pensamento criadas pela meditação.

Estamos certos de que há um grande significado por trás desse fato, embora se necessite de uma pesquisa maior antes que possamos dizer o que significa. Mas certamente se pode deduzir o seguinte: que, se duas forças do plano físico, que têm uma certa relação uma com a outra, podem desenhar uma forma que corresponde exatamente àquela produzida no plano mental por um pensamento complexo, podemos concluir que esse mesmo pensamento coloca em movimento em seu próprio plano duas forças que guardam a mesma relação uma com a outra. Que forças são essas, e como atuam, é algo a ser descoberto; mas se formos capazes de resolver esse problema, é provável que ele nos abra uma área de conhecimento nova e de excepcional valor.

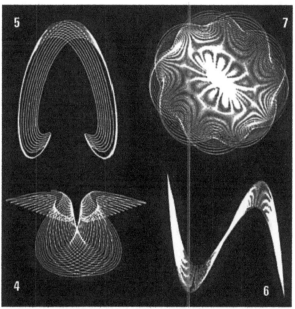

Figuras 4 a 7: Formas produzidas por pêndulos.

Princípios gerais

Três princípios gerais fundamentam a produção de formas de pensamento:

1. A qualidade do pensamento determina a cor.
2. A natureza do pensamento determina a forma.
3. A definição do pensamento determina a clareza do contorno.

O significado das cores

A tabela de cores apresentada no frontispício já foi amplamente descrita no livro *O Homem Visível e Invisível*, e o significado delas é o mesmo nas formas de pensamento e nos corpos de onde partiram.

Para aqueles que não têm em mãos a descrição completa dada na mencionada obra, será bom lembrar que o preto significa o ódio e a maldade. O vermelho, em todos os matizes, da cor de tijolo viva ao escarlate brilhante, indica raiva; a raiva brutal aparece como relâmpagos de vermelho vivo saindo de nuvens marrom-escuras, enquanto a ira do tipo "nobre indignação" é de um escarlate vivo, não destituído de beleza, embora transmita uma emoção desagradável; um vermelho particularmente escuro e desagradável, quase da cor chamada de sangue de dragão, indica paixão animal e desejo sensual de vários tipos. Marrom claro (quase siena queimado) mostra avareza; marrom acinzentado escuro é sinal de egoísmo – cor que é infelizmente comum; cinza escuro carregado significa depressão, enquanto o cinzento pálido está associado ao medo; verde acinzentado é sinal de falsidade, enquanto o verde amarronzado (em geral salpicado de pontos e relâmpagos escarlates) indica ciúme. O verde parece sempre denotar adaptabilidade; nos tipos inferiores, quando misturada com egoísmo, essa adaptabilidade torna-se falsidade; num estágio mais avançado, quando a cor se torna mais pura, significa o desejo de ser tudo para todos, mesmo que seja com a intenção de se tornar popular e ter boa reputação; em seu aspecto mais elevado, delicado e luminoso, mostra o poder divino da compaixão.

O amor se expressa em todas as nuances de carmesim e rosa; um carmim claro significa um afeto saudável e forte, de tipo normal; se estiver muito manchado de cinza amarronzado, indica um sentimento de egoísmo e avidez, enquanto o rosa claro puro mostra aquele amor absolutamente altruísta que só é possível aos caracteres superiores; passa do carmesim escuro do amor instintivo para as nuances mais delicadas do rosa, semelhantes às primeiras tintas da alvorada, à medida que o amor se torna purificado de todos os elementos egoístas e flui em círculos cada vez mais largos de ternura impessoal generosa, e compaixão para com todos os necessitados. Se possuir um toque do azul da devoção, pode indicar que a pessoa atingiu um alto nível de fraternidade universal.

O laranja carregado indica orgulho ou ambição, e as várias tonalidades de amarelo denotam intelecto ou gratificação intelectual: o amarelo-ocre escuro indica o uso dessa faculdade para propósitos egoístas, enquanto o amarelo claro mostra um tipo superior totalmente distinto, e o amarelo-prímula, claro e luminoso, denota o uso do poder intelectual ao nível mais elevado e altruísta, a razão pura direcionada a objetivos espirituais.

Os diferentes tons de azul indicam sentimentos religiosos, variando de todos os matizes, do azul amarronzado escuro da devoção egoísta, ou o azul acinzentado pálido da adoração fetichista tingida de medo, até o tom intenso da devoção verdadeira, e o belo azul claro do tipo mais elevado, que indica renúncia ao ego e união com o divino; o pensamento devocional de um coração altruísta é de uma tonalidade encantadora, como o azul profundo de um céu de verão. Através dessas nuvens de azul muitas vezes cintilam estrelas douradas de grande brilho, que se erguem como uma chuva de centelhas.

Uma mistura de amor e devoção se manifesta por um tom violeta, e suas nuances mais delicadas mostram a capacidade de sintonizar e responder a um elevado e belo ideal. O brilho e a intensidade das cores são em geral a medida da força e da ação do pensamento.

Outro aspecto que não deve ser esquecido é o tipo de matéria na qual essas formas são criadas. Se um pensamento for puramente intelectual e impessoal – por exemplo, se quem está pensando tenta resolver um problema de álgebra ou geometria – a forma de pensamento e a onda de vibração estarão limitadas apenas ao plano mental. Entretanto, se o pensamento for de natureza espiritual, se estiver mesclado de amor e aspirações ou sentimentos altruístas intensos, ele se erguerá do plano mental e assumirá muito do esplendor e da glória do nível búdico. Nesse caso, sua influência é extremamente forte, e cada pensamento desses é uma força poderosa para o bem, que não pode deixar de produzir um efeito decisivo sobre todos os corpos mentais ao seu alcance, se eles possuírem qualquer qualidade capaz de sintonizar com ele.

Se, por outro lado, o pensamento tiver alguma coisa de desejo egoísta ou pessoal, a vibração se volta imediatamente para baixo e forma em torno de si um veículo de matéria astral, junto ao seu revestimento de matéria mental. Essa forma de pensamento é capaz de agir sobre os corpos astrais de outros homens tanto quanto sobre suas mentes, e pode não apenas despertar pensamentos neles, mas também provocar sentimentos.

Três tipos de formas de pensamento

Do ponto de vista das formas que os pensamentos produzem, podemos agrupá-los em três tipos:

1. O que toma a forma do pensador.

Quando um homem se imagina num lugar distante, ou deseja ardentemente estar nesse lugar, cria uma forma de pensamento de si mesmo que aparece lá. Essas formas não raro têm sido vistas por outros, e às vezes, são tomadas pelo corpo astral ou fantasma do próprio homem. Nesse caso, ou aquele que vê tem que ter clarividência suficiente, naquele momento, para observar a forma astral, ou a forma de pensamento deve ter força suficiente para se materializar – ou seja, para reunir temporariamente em volta de si uma certa quantidade de matéria física. O pensamento que cria uma forma dessas deve necessariamente ser forte, e portanto utiliza uma quantidade maior da matéria do corpo mental, de modo que embora a forma seja pequena e compacta quando deixa o pensador, reúne em torno de si uma quantidade considerável de matéria astral, e em geral se expande até o tamanho natural antes de aparecer em seu destino.

2. O que assume a imagem de algum objeto material.

Quando um homem pensa sobre um amigo, ele forma dentro de seu corpo mental uma pequena imagem daquele amigo, que com freqüência passa para o exterior e flutua suspensa no ar diante dele. Do mesmo modo, se ele pensa numa sala, numa casa, numa paisagem, minúsculas imagens dessas coisas se formam dentro do corpo mental e depois se exteriorizam. Isso também acontece quando ele está exercitando sua imaginação; o pintor que forma uma imagem de seu próximo quadro o constrói com a matéria de seu corpo mental, e então o projeta no espaço a sua frente, o conserva nos olhos da mente e o copia. Do mesmo modo o romancista constrói imagens de seus personagens na matéria mental, e pela ação de sua vontade os movimenta de uma posição ou grupo para outro, de modo que o enredo de sua história seja literalmente encenado diante dele.

Com nossas concepções da realidade estranhamente invertidas, é difícil entendermos que essas imagens mentais existem na realidade e são tão objetivas que podem ser vistas prontamente pelo clarividente, como também podem até ser movidas por outra pessoa que não o seu criador. Alguns romancistas têm uma vaga noção desse fato e declaram que seus personagens, uma vez criados, adquirem vontade própria, e conduzem o enredo da história por caminhos inesperados; isso acontece, às vezes, porque as formas de pensamento foram animadas por espíritos da natureza brincalhões, ou, com mais freqüência, porque algum escritor "falecido", observando do plano astral o desenvolvimento da idéia de seu colega, achou que podia melhorá-la e escolheu esse método para transmitir suas sugestões.

3. A que toma uma forma própria, e revela sua natureza intrínseca através da matéria que atrai em torno de si.
Apenas as formas de pensamento desse terceiro tipo podem ser representadas com proveito, pois as do primeiro ou segundo tipo seriam representadas por meros retratos ou paisagens. Nos dois primeiros tipos temos a plástica matéria mental ou astral moldada à semelhança das formas do plano físico; no terceiro grupo temos um vislumbre das formas naturais dos planos astral ou mental. Contudo, esse fato, que as torna tão interessantes, coloca uma barreira insuperável no processo de sua reprodução.

As formas de pensamento desse terceiro tipo quase sempre se manifestam no plano astral, já que em sua maioria são expressões de sentimentos tanto quanto de pensamentos. Aquelas de que apresentamos exemplos aqui são quase todas desse tipo, exceto os poucos exemplos das belas formas de pensamento criadas em meditação explícita por aqueles que, por meio de longa prática, aprenderam a pensar.

As formas de pensamento dirigidas a outras pessoas produzem efeitos bem definidos, que ou são reproduzidas parcialmente na aura do receptor, aumentando o efeito final, ou são repelidas por ele.

Um pensamento de amor e desejo de proteger, dirigido com força para qualquer objeto amado, cria uma forma que vai até a pessoa sobre a qual se pensou e permanece em sua aura como um escudo e um agente protetor; buscará todas as oportunidades para servir e proteger, não por uma ação consciente e deliberada, mas porque cegamente acompanha o impulso impresso nela; reforça as influências benignas que chegam à aura e enfraquece as adversas. Assim podemos criar e manter verdadeiros anjos da guarda em torno daqueles que amamos, e muitas preces de mães para os filhos distantes os envolvem sem que elas saibam o método pelo qual "sua prece é atendida".

Nos casos em que bons ou maus pensamentos são projetados em outras pessoas, para que esses pensamentos cumpram sua missão, devem encontrar na aura daqueles aos quais são direcionados materiais capazes de corresponder às suas vibrações. Qualquer porção de matéria só pode vibrar dentro de certos limites definidos, e se a forma de pensamento estiver fora dos limites dentro dos quais a aura é capaz de vibrar, não pode afetá-la. Ela ricocheteia com uma força proporcional à energia com que colidiu contra essa aura. Por isso se diz que um coração e uma mente puros são os melhores protetores contra ataques adversos, pois um coração e uma mente puros construirão um corpo astral e mental de matéria melhor e mais sutil, que não poderão responder às vibrações que exigem matéria rude e densa. Se um mau pensamento, projetado com intenção maléfica, atinge esse corpo, ele ricocheteia e é arremessado de volta com toda a sua energia; retorna através da linha magnética de menor resistência, a que acabou de percorrer, e atinge aquele que o enviou. Como este tem em seu corpo astral e mental matéria semelhante à da forma de pensamento, é envolto pelas vibrações sintônicas e sofre os efeitos destrutivos que desejou causar. Dessa forma, "o feitiço se volta contra o feiticeiro" (e as bênçãos também). Daí decorrem os sérios efeitos de se odiar ou caluniar uma pessoa boa e altamente evoluída; as formas de pensamento enviadas contra ela não podem causar-lhe mal, e voltam para os que as projetaram, destruindo-os mental, moral ou fisicamente. Muitas ocorrências dessas são bem conhecidas dos membros da Sociedade Teosófica, que as testemunharam diretamente.

Enquanto qualquer quantidade de matéria do tipo mais grosseiro, própria de pensamentos maus ou egoístas, permanecer no corpo de uma pessoa, ela ficará vulnerável ao ataque daqueles que lhe desejam o mal, mas quando os tiver eliminado através da autopurificação, seus adversários não poderão mais causar-lhe mal e ela poderá prosseguir calma e serenamente em meio a todos os dardos da maldade. Mas será péssimo para aqueles que os arremessarem.

Outro ponto a salientar antes de passarmos aos comentários sobre nossas ilustrações, é que cada uma das formas de pensamento aqui apresentadas é uma reprodução da realidade. Não são formas imaginárias, esboçadas por um sonhador que achou que elas deveriam ser assim: são representações de formas realmente vistas, produzidas por homens e mulheres comuns, e reproduzidas com a maior fidelidade e cuidado possível, ou por aqueles que as viram, ou com a ajuda de artistas a quem as descreveram.

Para facilitar a comparação, as formas de pensamento de tipo semelhante foram agrupadas.

Exemplos de formas de pensamento

Afeto

Afeto vago e puro – A figura 8 é uma nuvem reveluteante de afeição pura, e exceto por sua imprecisão, reflete um sentimento muito bom. A pessoa de quem ela se irradia está feliz e em paz com o mundo, pensando sonhadoramente num amigo cuja presença é um prazer para ela. Não é um sentimento forte e incisivo, embora seja de suave bem-estar e de prazer não-egoísta pela proximidade de pessoas amadas. O sentimento que provoca essa nuvem é de natureza pura, mas não tem uma força capaz de produzir resultados definidos. Algo semelhante cerca muitas vezes um gato que ronrona tranqüilo, e se irradia devagar em torno dele numa série de conchas concêntricas de névoa rosada que se expandem e tornam-se invisíveis a pouca distância de seu sonolento e satisfeito criador.

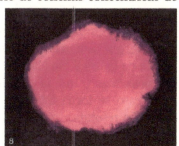

Figura 8: Afeto vago e puro.

Afeto vago e egoísta - A figura 9 nos mostra também uma nuvem de afeição, mas desta vez intensamente tingida por um sentimento muito menos desejável. O cinza amarronzado escuro do egoísmo aparece bem definido sobre o carmim do amor, e assim pode-se ver que o afeto tem a ver com a satisfação por certas concessões recebidas, e com uma antecipação intensa de outras que aguarda em futuro próximo. Embora vago, o sentimento que produziu a nuvem da figura 8 era livre de egoísmo, e portanto mostrava uma certa nobreza íntima de seu autor. A figura 9 representa o seu análogo num nível inferior de evolução. Seria quase impossível que essas duas nuvens se irradiassem da mesma pessoa numa mesma encarnação. Ainda assim, existe o bem no homem que produziu a segunda nuvem, embora ainda seja pouco evoluído. Grande parte do afeto comum do mundo é desse tipo, e só lenta e gradualmente ele evolui em direção ao outro tipo mais elevado.

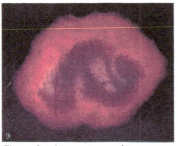

Figura 9: Afeto vago e egoísta.

Afeto definido – O primeiro olhar para a figura 10 já nos mostra que aqui temos algo de uma natureza inteiramente diversa – algo atuante e eficiente, que produzirá um resultado. A cor é igual àquela da figura 8 em clareza, intensidade e transparência, mas o que lá era um mero sentimento neste caso se torna intenção incisiva combinada com ação resoluta.

Aqueles que conhecem o livro *O Homem Visível e Invisível* lembrarão que a Figura XI dele

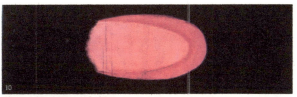

Figura 10: Afeto definido.

mostra o resultado de um impulso de amor altruístico puro que apareceu no corpo astral de uma mãe que abraçava seu filhinho e o cobria de beijos. Aquela explosão súbita de emoção provocou várias alterações; uma delas foi a formação, dentro do corpo astral, de grandes espirais ou vórtices carmesins de luz intensa. Cada um deles é uma forma de pensamento de grande amor, gerada como descrevemos, e que é enviada quase instantaneamente em direção ao objeto do sentimento.

A figura 10 mostra essa forma de pensamento depois de deixar o corpo astral de seu autor, partindo em direção ao objetivo. Vê-se que a forma quase circular se alterou, tornando-se algo semelhante a um projétil ou ao núcleo de um cometa, e entende-se facilmente que essa alteração foi provocada por seu movimento rápido para frente. A transparência da cor mostra a pureza da emoção que criou essa forma de pensamento, enquanto a precisão de seu contorno é uma prova inquestionável de poder e força de propósito. A alma que criou uma forma de pensamento como essa já deve ter certo grau de evolução.

Amor irradiante – A figura 11 nos traz o primeiro exemplo de uma forma de pensamento criada intencionalmente; seu autor está procurando irradiar amor por todos os seres.

Deve-se lembrar que todas essas formas acham-se em movimento contínuo. Esta, por exemplo, está constantemente se ampliando, e parece

Figura 11: Amor radiante.

ter uma fonte inesgotável que brota do centro, de uma dimensão que não podemos figurar. Um sentimento como esse tem um efeito extremamente amplo; é muito difícil para alguém que não seja bem treinado mantê-lo de forma clara e precisa. Essa forma de pensamento, portanto, é de grande valor, pois se vê que todos os raios da estrela são bem definidos.

Paz e proteção – Poucas formas de pensamento serão mais belas e expressivas que a que vemos na figura 12. É um pensamento de amor e paz, proteção e bênção, enviado por alguém que tem o poder e adquiriu o direito de abençoar. Não é provável que na mente de seu criador existisse alguma intenção de criar essa forma alada tão bela, embora seja possível que algum reflexo inconsciente de antigas lembranças de infância, de anjos da guarda que voam para auxiliar, possa ter influenciado sua

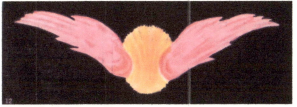

Figura 12: Paz e proteção.

criação. Seja como for, o desejo intenso revestiu-se dessa forma graciosa e expressiva, enquanto o amor que o despertou deu-lhe o lindo tom rosado, e o intelecto que o guiou brilha como a luz do sol em seu foco central. Portanto, é verdade que podemos criar verdadeiros anjos da guarda para pairar em torno daqueles que amamos e protegê-los, e muitos desejos altruístas produzem formas como essas, embora desconhecidas de seus criadores.

Busca de afeto animalizado – A figura 13 nos mostra um exemplo de afeto animalizado – se um sentimento como esse pode merecer o elevado nome de afeto. Muitas cores se misturam para produzir esse matiz escuro e desagradável, tingido pelo fulgor lúgubre da sensualidade e escurecido pelo tom pesado do egoísmo. A forma é característica, pois esses ganchos curvos só aparecem quando existe um desejo forte de posse. É tristemente óbvio que quem produziu essa forma de pensamento não tinha qualquer amor altruísta do tipo que se doa alegremente para servir, nunca pensan-

Figura 13: Busca de afeto animalizado.

do em resultado ou recompensa. O seu pensamento não foi "Quanto posso dar?", e sim "Quanto posso ganhar?" e por isso se expressou nessas linhas recurvadas. Nem sequer conseguiu exteriorizar-se por completo, como outros pensamentos, mas se projetou parcialmente para fora do corpo astral, que deve estar do lado esquerdo da figura.

Uma triste caricatura do sentimento divino do amor; mas mesmo assim, constitui um estágio da evolução e com certeza um avanço sobre os estágios anteriores, como veremos.

Devoção

Vago sentimento religioso – A figura 14 mostra outra nuvem informe, mas desta vez é azul, em vez de carmesim. Indica aquele sentimento religioso vagamente agradável – mais piedoso que de devoção – muito comum entre aqueles em quem a piedade é mais desenvolvida que o intelecto. Em muitas igrejas podemos ver uma grande nuvem de azul escuro intenso flutuando sobre as cabeças dos fiéis – com um contorno indefinido, devido à natureza indistinta dos pensamentos e sentimentos que a produzem, salpicada com freqüência de marrom ou cinza, porque a devoção ignorante absorve com deplorável facilidade o tom sombrio do egoísmo ou do medo, mas mesmo assim esboça uma potencialidade futura, manifestando o primeiro

Figura 14: Vago sentimento religioso.

ensaio tímido pelo menos de uma das duas asas – a da devoção e a da sabedoria – com as quais a alma voa de retorno a sua origem divina.

É curioso notar as diversas situações em que se pode ver essa difusa nuvem azul (ver lâminas coloridas ao final da obra); e às vezes sua ausência fala mais alto que sua presença. Pois a buscaremos em vão em muitos templos religiosos da moda e encontraremos em vez dela um vasto aglomerado de formas de pensamento daquele segundo tipo, que toma a forma de objetos materiais. Em vez de símbolos de devoção, vemos flutuando acima dos "devotos" as imagens astrais de chapéus e bonés, de jóias e vestidos elegantes, de cavalos e carruagens, garrafas de uísque e jantares de domingo, e às vezes uma mistura de cálculos complicados, mostrando que tanto homens como mulheres só alimentaram, em suas horas ditas de prece e devoção, pensamentos relativos a negócios e prazeres, a desejos e ansiedades do tipo mais rasteiro da existência humana.

Mas às vezes, num templo mais humilde, numa igreja católica ou ritualista, não da moda, ou mesmo numa modesta casa de oração onde há pouca instrução e cultura, se pode ver as nuvens azul-escuras gravitando sem cessar em direção ao altar ou para o alto, testemunhando ao menos a honestidade e reverência daqueles que as produziram. Raramente – muito raramente – entre as nuvens azuis poderá cintilar, como uma lança arremessada por um gigante, uma forma de pensamento como vemos na figura 15; ou uma flor de autorenúncia, como a da figura 16, poderá perpassar ante nossos olhos admirados; mas na maioria das vezes teremos que procurar em outros lugares esses sinais de maior evolução.

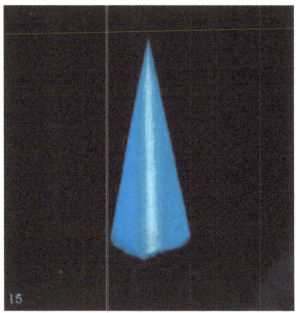

Figura 15: Impulso devocinal para o alto.

Impulso devocional para o Alto – A forma da figura 15 guarda a mesma relação com a da figura 14 que o projétil nitidamente delineado da figura 10 com a nuvem vaga da figura 8. Não poderíamos ter contraste mais marcante do que entre a flacidez incipiente da nebulosa da figura 14 e o vigor viril da esplêndida espiral de devoção altamente evoluída que toma forma na figura 15. Aqui não é um sentimento incerto e semi-informe; é a manifestação de uma grande emoção profundamente enraizada no conhecimento dos fatos. O homem que sente uma devoção com essa sabe em quem acredita; quem cria uma forma de pensamento assim é alguém que aprendeu a pensar. A firmeza de sua trajetória para o alto indica coragem e convicção, enquanto a precisão do contorno mostra a clareza da concepção do criador, e a inigualável pureza da cor dá testemunho da completa ausência de egoísmo.

Figura 17: Resposta à prece.

Resposta à prece – Na figura 17 podemos ver o resultado daquele pensamento – a resposta do LOGOS ao apelo feito a Ele, a verdade que existe por trás do melhor e mais nobre aspecto da crença de que há uma resposta a nossas preces. Isso necessita de algumas palavras de explicação.

Nosso **Logos** irradia Sua Luz, Seu poder e Sua vida para cada plano de Seu sistema solar, e naturalmente é nos planos mais altos que essa emanação de força divina pode ser oferecida de maneira mais completa. A descida de cada plano para o seguinte implica uma limitação quase paralisante – só compreensível a quem já tenha experimentado as possibilidades mais altas da consciência humana. Assim, a vida divina flui em proporções incomparavelmente maiores no plano mental que no astral; e mesmo seu esplendor no plano mental é indizivelmente superado pelo do plano búdico. Normalmente cada uma dessas poderosas ondas de energia se difunde horizontalmente em seu plano próprio e não desce à limitação do plano inferior àquele ao qual se destina.

Todavia, há condições em que a graça e a energia próprias de um plano mais alto podem ser, em certa medida, trazidas para um plano inferior, difundindo-se nele com um efeito maravilhoso. É possível apenas quando se abre por momentos um canal especial; e esse trabalho deve ser feito a partir de baixo e pelo esforço humano.

Dissemos antes que sempre que um homem tem um pensamento ou sentimento egoísta, a energia criada move-se numa curva fechada, e assim inevitavelmente retorna a seu próprio nível. Mas quando o pensamento ou sentimento é de absoluto altruísmo, a energia se irradia numa curva aberta e não retorna, mas penetra no plano imediatamente superior, pois apenas naquele nível mais alto, com uma dimensão mais ampla, encontra espaço para expandir-se. Assim penetrando, o pensamento ou sentimento abre uma porta dimensional (simbolicamente falando) equivalente ao seu próprio diâmetro, e desse modo cria o canal indispensável para que a força divina do plano superior possa descer para o inferior, com resultados maravilhosos, não apenas para o pensador como também para outros.

Na figura 17 fazemos uma tentativa de representar isso e mostrar a grande verdade de que um fluxo infinito da mais elevada força está sempre pronto e aguardando para derramar-se quando se apresente um canal, assim como se pode dizer que a água de uma cisterna está esperando para fluir através do primeiro conduto que se abra.

A conseqüência da descida da vida divina é um grande fortalecimento e elevação daquele que abriu o canal, e a mais poderosa e benéfica força derramando-se sobre ele. Esse efeito é frequentemente chamado de resposta à prece, e tem sido atribuído, pelos que desconhecem, ao que chamam de "intervenção especial da Providência", em vez de à ação infalível da grande e imutável lei divina.

Abnegação – A figura 16 nos apresenta outra forma de devoção, que cria uma forma perfeita e bela de um tipo inteiramente novo para nós – e se pode imaginar, à primeira vista, que copiou diversas formas graciosas da natureza. A figura 16, por exemplo, sugere algo de um botão de flor entreaberto, enquanto outras formas apresentam certa semelhança com conchas ou folhas ou formas de árvores. É evidente, porém, que não são nem podem ser cópias de formas vegetais ou animais, e é provável que essa semelhança se deva a algo mais profundo.[1] Um fato análogo e ainda mais significativo é que algumas formas de pensamento bastante complexas podem ser reproduzidas pela atuação de certas forças mecânicas, como acima foi dito. Embora, com nosso conhecimento atual, seja inviável tentar uma solução para os fascinantes problemas colocados por essas notáveis semelhanças, parece que estamos tendo um vislumbre do que existe além das fronteiras de um tremendo

[1] Hoje já se pode depreender que, sendo todas as formas deste plano produtos da materialização do pensamento dos Grandes Seres Criadores (auxiliares do Absoluto), fica ainda mais reforçada a nossa "imagem e semelhança" com Eles por essa analogia na atuação da mente criadora. Não por outra coisa está dito no Gênese: "E disseram os Elohim: façamos o homem à nossa imagem e semelhança"; o plural Elohim – "Deuses" – foi (in)convenientemente traduzido como "Deus" (que seria "Eloah") (N.T.)

Figura 16: Abnegação.

mistério, pois se com alguns pensamentos criamos uma forma que é reproduzida pela natureza, presume-se pelo menos que essas forças da natureza atuam segundo princípios similares, de alguma forma, aos daqueles pensamentos. Como o universo em si mesmo é uma poderosa forma de pensamento trazida à existência pelo **Logos**, é bem possível que pequenas partes dele sejam também as formas de pensamento de entidades menores envolvidas no mesmo trabalho, e assim, talvez, possamos chegar a compreender o que significam os trezentos e trinta milhões de Devas dos hindus.

Essa forma é do mais lindo azul claro, com

uma maravilhosa luz branca brilhando através dela – algo para desafiar o talento até do infatigável artista que se empenhou tanto para representá-la com a maior fidelidade possível. É o que um católico chamaria de "ato de devoção", ou melhor, um ato de total abnegação, de completa entrega, de renúncia.

Intelecto

Vago prazer intelectual – A figura 18 representa uma nuvem difusa do mesmo tipo daquelas das figuras 8 e 14, mas neste caso a cor é amarela em vez de carmesim ou azul. O amarelo, em qualquer dos corpos do homem, indica sempre capacidade intelectual, mas suas nuances variam muito e podem ser complicadas pela mistura de outros matizes. De modo geral, apresenta um tom mais intenso e escuro se o intelecto for mais voltado para os níveis inferiores, especialmente se os objetivos forem egoístas. No corpo astral ou mental do homem de negócios comum irá aparecer como um amarelo-ocre, enquanto o intelecto puro dedicado ao estudo da filosofia ou da matemática aparece quase sempre como dourado, e este se transforma aos poucos num amarelo limão ou amarelo claro bonito, claro e luminoso, quando um poderoso intelecto se dedica de modo totalmente altruísta ao bem da humanidade.

A maioria das formas de pensamento amarelas é bem delineada, e uma nuvem difusa dessa cor é relativamente rara. Ela indica o pra-

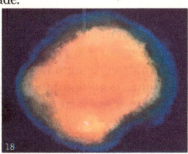

Figura 18: Vago prazer intelectual.

zer intelectual – a satisfação com o resultado da habilidade, ou o prazer sentido com o talento na criação de uma obra. O prazer que um homem comum obtém da contemplação de um quadro quase sempre depende, basicamente, das emoções de admiração, afeto ou piedade que desperta nele, ou, às vezes, se reproduz uma cena que lhe é familiar, seu encanto consiste em poder evocar lembranças de alegrias passadas. Um artista, entretanto, pode obter prazer de uma pintura de forma inteiramente diferente, que provém do reconhecimento da excelência da obra, ou do talento empregado para produzir certos efeitos. Essa gratificação intelectual pura se traduz em uma nuvem amarela; e o mesmo efeito pode ser produzido pelo prazer com o talento musical, ou com as sutilezas do raciocínio. Uma nuvem desse tipo indica a ausência total de qualquer emoção pessoal, que se estivesse presente inevitavelmente iria tingir o amarelo de sua cor própria.

Intenção de Saber – A figura 19 é interessante porque mostra o crescimento de uma forma de pensamento. O estágio inicial, que é mostrado pela forma superior, não é incomum, e indica a determinação de resolver algum problema – a intenção de saber e conhecer. Às vezes, um conferencista teosófico vê diversas dessas formas serpentiformes amarelas projetando-se da platéia em direção a ele, e as acolhe como sinal de que seus ouvintes estão acompanhando seu raciocínio com inteligência e têm um desejo sincero de entender e saber mais. Uma forma desse tipo quase sempre acompanha as perguntas, e se, como algumas vezes infelizmente acontece, a questão é colocada menos com o desejo genuíno de conhecimento que com o propósito de exibir a argúcia de quem perguntou, a forma é

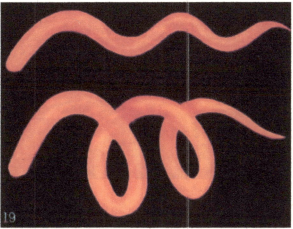
Figura 19: A intenção de saber.

intensamente tingida por um laranja escuro, que indica presunção.

Esta forma específica foi vista numa reunião teosófica acompanhando uma pergunta que demonstrava bastante reflexão e perspicácia. A resposta dada de início não foi totalmente satisfatória para quem perguntou, que parece ter tido a impressão de que seu problema estava sendo evitado pelo conferencista. Sua determinação de obter uma resposta completa à pergunta tornou-se ainda maior, e sua forma de pensamento assumiu um tom mais intenso e transformou-se na segunda forma, parecendo ainda mais um saca-rolhas que antes. Formas parecidas são constantemente criadas pela curiosidade fútil e frívola, mas como não existe intelecto nesse caso, a cor não é mais amarela, mas em geral se assemelha à da carne em decomposição, mais ou menos como aparece na figura 29, que traduz o anseio de um alcoolista pela bebida.

Ambição

Ambição elevada – A figura 20 nos apresenta outra manifestação de desejo – a ambição de uma

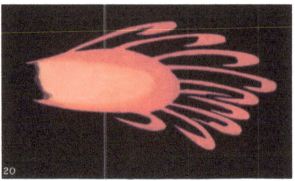

Figura 20: Ambição elevada.

posição ou de poder. A ambição é indicada pela cor laranja intensa e forte, e o desejo pelas extensões em forma de ganchos que antecedem a forma quando ela se desloca. O pensamento é bom e puro, pois se houvesse algo inferior ou egoísta no desejo, isso apareceria inevitavelmente e escureceria o laranja claro com vermelhos, marrons ou cinzas escuros. Se esse homem desejou posição ou poder, não foi em benefício próprio, mas por acreditar que desse modo poderia desempenhar melhor seu trabalho em benefício dos semelhantes.

Ambição egoísta - A ambição de tipo inferior é representada na figura 21. Aí temos não só uma grande mancha do cinza amarronzado escuro do egoísmo, mas há também uma diferença considerável de forma, embora com igual nitidez no contorno. A figura 20 vai em direção a um objetivo definido: vê-se que sua parte central se assemelha a um projétil, como na fig. 10. A figura 21, por outro

Figura 21: Ambição egoísta.

lado, é uma forma flutuante, e é uma forte indicação da tendência de acumular – a ambição de se apoderar de tudo que vê.

Raiva

Raiva assassina e cólera prolongada – Nas figuras 22 e 23 temos dois terríveis exemplos do péssimo efeito da raiva. O raio saindo de nuvens escuras (figura 22) foi visto na aura de um homem rude e meio alcoolizado do East End de Londres, quando batia numa mulher. O raio atingiu-a um instante antes de ele erguer a mão para bater, e despertou um tremendo sentimento de pavor, como se pudesse matá-la.

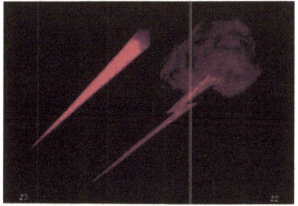

Figura 23: Cólera prolongada. Figura 22: Raiva assassina.

O dardo de ponta aguda como punhal (figura 23) foi um pensamento de forte ira, um desejo intenso de vingança mortal, alimentado durante anos e dirigido contra uma pessoa que infligira uma séria agressão àquela que o enviou; se esta possuísse uma vontade forte e bem treinada, essa forma de pensamento poderia ser mortal, e quem a alimenta corre o sério risco de tornar-se um assassino de fato, tanto quanto em pensamento, numa futura encarnação.

Pode-se notar que ambas têm a forma de raios, embora a superior tenha um formato irregular, enquanto a inferior representa uma intenção firme, muito mais perigosa. A base de total egoísmo da qual se projeta a primeira é muito característica e instrutiva. A diferença de cor entre as duas também é digna de nota. Na superior, o marrom escuro do egoísmo é tão evidente que tinge até a explosão de cólera, enquanto no segundo caso, embora sem dúvida o egoísmo esteja também na origem, o pensamento original foi esquecido pela intensa ira alimentada. Quem consultar a figura XIII de *O Homem Visível e Invisível* poderá imaginar a condição do corpo astral que está projetando essas formas, e com certeza a simples visão dessas imagens, mesmo sem análise, deverá constituir uma valiosa e objetiva lição sobre o mal de render-se ao sentimento de cólera.

Raiva explosiva – Na figura 24 vemos uma amostra de raiva de tipo totalmente diverso. Aqui não é um ódio prolongado, apenas uma explosão vigorosa de irritação. Fica evidente que enquanto os criadores das formas das figuras 22 e 23 ambos dirigiam sua ira contra um indivíduo, a pessoa responsável pela explosão da figura 24 está nesse momento em guerra contra o mundo à sua volta. Expressa bem o sentimento de cólera de um senhor idoso que se sentiu ofendido ou tratado de maneira desrespeitosa, pois a mistura de alaranjado com o escarlate mostra que seu orgulho foi seriamente atingi-

Figura 24: Raiva explosiva.

do. É interessante comparar a irradiação dessa figura com a da figura 11. Aqui vemos uma verdadeira explosão, instantânea e irregular em seus efeitos, e o centro vazio nos mostra que o sentimento que a causou já é coisa do passado, e que não está mais sendo gerada qualquer energia. Na figura 11, por outro lado, o centro é a parte mais forte da forma de pensamento, mostrando que não é o resultado de um relâmpago momentâneo de sentimento, mas que há um aumento constante da energia, enquanto os raios, por sua qualidade, comprimento e distribuição uniforme, mostram a intenção firme e constante que os produziu.

Ciúme

Ciúme desconfiado e doentio – Na figura 25 vemos uma interessante, embora desagradável, forma de pensamento. A cor peculiar verde-amarronzada de imediato indica ao clarividente treinado que se trata de uma expressão de ciúme, e sua curiosa forma mostra a ânsia com que o homem vigia o objeto dele. A notável semelhança com uma serpente de cabeça erguida simboliza notavelmente a atitude insensata da pessoa ciumenta, totalmente alerta para descobrir os sinais daquilo que menos deseja ver. No momento em que vir, ou imaginar que vê, a forma irá se transformar no tipo mais comum mostrado na figura 26, em que o ciúme já

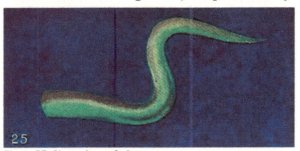
Figura 25: Ciume desconfiado.

Formas de Pensamento 65

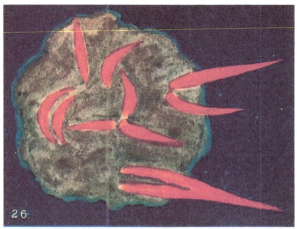

Figura 26: Ciume colérico.

está mesclado com a raiva. Deve-se notar que aqui o ciúme é apenas uma vaga nuvem, embora atravessada por relâmpagos de raiva prontos a atingir aqueles que imagina que o ofenderam, enquanto na figura 25, onde ainda não existe raiva, o ciúme apresenta um contorno perfeitamente delineado e muito expressivo.

Compaixão

Compaixão vaga – Na figura 18-A temos de novo nuvens imprecisas, mas desta vez a cor verde nos mostra que é uma manifestação do sentimento de compaixão. Podemos concluir pelo contorno indistinto que não se trata de uma compaixão atuante, que poderia de imediato passar do pensamento à ação; indica antes um sentimento generalizado de comiseração, como o que poderia despertar numa pessoa

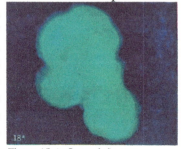

Figura 18-A: Compaixão vaga.

que lê a descrição de um acidente trágico ou fica à porta da enfermaria de um hospital olhando para os pacientes.

Medo

Medo súbito – Uma das coisas mais lastimáveis do mundo é um homem ou um animal numa condição de profundo medo, e uma análise da Lâmina XIV de *O Homem Visível e Invisível* mostra que nessas circunstâncias o corpo astral não apresenta uma aparência melhor do que o físico.

Quando o corpo astral de um homem se acha num estado de tremor descontrolado, seu impulso natural é lançar de si fragmentos explosivos sem forma definida, como pedaços de rocha dinamitada, tal como pode ser visto na figura 30.

Quando a pessoa não está aterrorizada, mas extremamente assustada, o efeito geralmente é o que aparece na figura 27. Numa das fotografias tiradas pelo dr. Baraduc, em Paris, via-se uma explosão de círculos fragmentados em conseqüência de um aborrecimento súbito. Esta explosão de formas em meia-lua parece ser da mesma espécie, embora neste caso ainda haja linhas que as acom-

Figura 27: Medo súbito.

panham e reforçam a aparência de explosão. É digno de nota que todos os arcos da direita, que obviamente devem ter sido lançados primeiro, só mostram o cinza pálido do medo, mas no instante seguinte o homem já está se recuperando parcialmente do choque, e começa a sentir raiva por ter se deixado assustar. Isso se vê pelo fato de que os últimos arcos estão riscados de vermelho vivo, mostrando a mistura de raiva e medo, enquanto o último arco é todo escarlate, nos dizendo que o medo já passou por completo e só permanece a contrariedade.

Ganância
Ganância egoísta – A figura 28 nos dá um exemplo da ganância egoísta – um tipo bastante inferior ao da figura 21. Podemos notar que nem sequer chega a haver algo ao nível da ambição, e também se torna evidente pela cor verde lodosa que a pessoa de quem se projeta esse sentimento desagradável é capaz de trapacear para concretizar seus desejos. Enquanto a ambição da figura 21 era de natureza genérica, a paixão expressa na figura 28 é dirigida para um objeto específico que pretende alcançar, pois deve-se notar que essa forma de pensamento, assim como a da figura 13, permanece ligada ao corpo astral, que deve estar

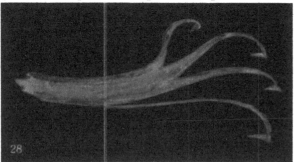

Figura 28: Ganância egoísta.

no lado esquerdo da figura. Formas como garras, desse tipo, são vistas com freqüência se dirigindo a uma mulher que usa um vestido ou chapéu novos, ou alguma jóia especial que chame a atenção. A forma de pensamento pode variar de cor de acordo com a quantidade de inveja ou ciúme mesclado com a cobiça, mas sempre se verá uma forma parecida com a de nossa ilustração. Não é incomum ver pessoas defronte a uma vitrine projetando garras astrais dessas através do vidro.

Avidez pela bebida – Na figura 29 temos outra variante da mesma paixão, talvez em nível mais degradante e animalizado. Esse exemplo foi visto no corpo astral de um homem no exato momento em que entrava pela porta de um bar; a expectativa e o desejo ávido da bebida que estava prestes a ingerir resultaram na projeção, à sua

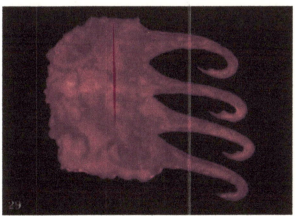

Figura 29: Avidez pela bebida.

frente, dessa imagem desagradável.

Novamente, as protuberâncias recurvadas mostram a avidez, enquanto a cor e a textura grosseira mostram a inferioridade e sensualidade do impulso. Os desejos sexuais se apresentam, com freqüência, de maneira exatamente igual.

Homens que criam formas como essas continuam ainda num estágio animalizado; ao progredirem na escala evolutiva, essas formas serão, aos poucos, substituídas por outras parecidas com as da figura 13, e bem devagar, à medida que o desenvolvimento continua, atingirão por sua vez os estágios indicados nas figuras 8 e 9, até que por fim todo o egoísmo desapareça, e o desejo de ter seja transmutado no desejo de dar, e cheguemos aos esplêndidos resultados que aparecem nas figuras 10 e 11.

Diversas emoções
Num naufrágio – Foi um pânico grave que criou o interessante grupo de formas de pensamento representadas na figura 30.

Foram vistas ao mesmo tempo, colocadas na ordem em que são representadas, embora no meio de uma indescritível confusão, e portanto conservamos suas posições relativas, embora para explicá-las seja conveniente tomá-las ao inverso. Foram produzidas durante um terrível acidente e são instrutivas por mostrar quão diversa é a forma como as pessoas reagem a um perigo repentino e grave.

Figura 30: Num naufrágio.

Uma das formas mostra apenas a explosão do cinza pálido do medo, brotando de uma base de absoluto egoísmo, e infelizmente havia muitas desses tipo. O aspecto fragmentado da forma de pensamento mostra a violência e intensidade da explosão, e ao mesmo tempo indica que toda a alma da pessoa foi tomada por um terror cego e alucinado, e que o sentimento dominante de perigo pessoal excluiu todos os sentimentos mais elevados.

A segunda forma representa uma tentativa, pelo menos, de autocontrole, e mostra a atitude de uma pessoa que possui um certo sentimento religioso. O pensador busca consolo na prece, tentando desse modo superar o medo. Isso é indicado pela ponta azul-acinzentada que se eleva de modo tímido para cima. Entretanto, a cor mostra que só conseguiu isso em parte, e vemos também, pela parte inferior da forma de pensamento, com seu contorno irregular e fragmentos se soltando, que na realidade há tanto medo aqui como no caso anterior. Mas pelo menos essa mulher teve a presença de espírito suficiente para lembrar que devia rezar; enquanto o faz está tentando pensar que não tem medo, enquanto no caso anterior não havia, em absoluto, qualquer outro pensamento além do terror egoísta. Esta ainda conserva algum senso de humanidade e alguma possibilidade de readquirir o autocontrole, o outro deixou de lado todos os resquícios de decência e tornou-se escravo absoluto da emoção avassaladora.

Um flagrante contraste com a fraqueza humilhante dessas duas formas é a magnífica energia e decisão da terceira. Aqui não temos uma massa amorfa de linhas trêmulas e fragmentos explosivos, mas um pensamento poderoso, claro e bem definido, obviamente cheio de energia e resolução. Esse é o pensamento do comandante – o homem responsável pelas vidas e segurança dos passageiros, e enfrenta a emergência de maneira bastante satisfatória.

Sequer lhe ocorre sentir a menor sombra de medo: não tem tempo para isso. Embora o escarlate na ponta aguda de sua forma de pensamento, que parece uma arma, demonstre raiva por ter acontecido o acidente, a curva audaz de cor laranja logo acima denota total autoconfiança e a certeza de sua capacidade de lidar com a situação adversa. O amarelo brilhante indica que seu intelecto já está enfrentando o problema, enquanto o verde paralelo a ele mostra a compaixão que sente por aqueles que deseja salvar.

É um grupo tão extraordinário quanto instrutivo de formas de pensamento.

Noite de estréia – A figura 31 é também um exemplo interessante – talvez único – que representa a forma de pensamento de um ator enquanto espera para entrar em cena em sua noite de estréia.

A ampla faixa cor de laranja no centro está bem definida e reflete uma bem fundada autoconfiança – com a consciência dos muitos sucessos anteriores e a razoável expectativa de que esta ocasião será mais uma na lista dos sucessos. Ainda assim, há uma boa parcela da inevitável incerteza sobre como a nova peça vai atingir o público inconstante, e no todo a dúvida e o medo prevalecem sobre a confiança e o orgulho, pois há mais cinza-pálido que laranja, e a forma de pensamento oscila como uma bandeira ao vento. Deve-se notar que enquanto o contorno cor de laranja é extremamente claro e definido, o do cinza é muito mais impreciso.

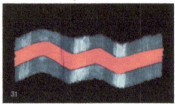

Figura 31: Noite de estréia.

Os jogadores – As formas da figura 32 foram observadas simultaneamente no grande cassino de Monte Carlo. Ambas representam algumas das piores paixões humanas, e não há muito o que escolher entre uma e outra, embora representem os sentimentos de um ganhador e de um perdedor.

A forma inferior tem grande semelhança com um olho de tom sombrio, mas deve ser simples coincidência, pois ao analisá-la vemos que suas partes e cores podem ser facilmente traduzidas. O fundo é uma nuvem irregular de depressão profunda, intensamente marcada pelo escuro cinza-amarronzado do egoísmo e a tonalidade lívida do medo. No centro há um anel escarlate bem definido que demonstra a profunda raiva e ressentimento pela hostilidade do destino, e dentro dele um círculo preto nitidamente desenhado, que expressa o ódio do homem arruinado pelos que ficaram com seu dinheiro. O homem que produz uma forma de pensamento como essa acha-se com certeza em perigo iminente, pois sem dúvida desceu ao mais profundo nível de desespero; como jogador, pode não ter princípios que o amparem, e não é improvável que busque o suposto refúgio do suicídio, só para despertar no mundo astral e descobrir que mudara sua vida para pior ao invés de para melhor, como sempre ocorre no suicídio, pois

Figura 32: Os jogadores.

esse ato covarde nos afasta da felicidade e da paz que em geral sucedem à morte.

A forma superior representa um estado mental de efeito talvez mais prejudicial, pois é a satisfação maligna do jogador com seu ganho nefasto. Aqui, o contorno é perfeitamente definido e a decisão do homem de persistir no mal é incontestável. A larga faixa de cor laranja no centro mostra claramente que, embora quando perca, esse homem maldiga a inconstância da sorte, quando ganha atribui o sucesso à sua extraordinária genialidade. É provável que tenha inventado algum método em que confia, e do qual se sente extraordinariamente orgulhoso. Mas deve-se notar que em cada lado do laranja há um traço firme de egoísmo, e em seguida se transforma em avareza, tornando-se um sentimento animalizado de ganância que é mostrado com clareza pelas garras nas extremidades da forma de pensamento

Num acidente de rua – A figura 33 serve para mostrar as diversas formas que os mesmo sentimentos podem assumir, em diferentes indivíduos. Esses dois exemplos de emoções foram vistos simultaneamente entre os espectadores de um acidente de rua – no qual alguém foi atropelado, machucando-se de leve, por um veículo que passava. As pessoas que criaram essas duas formas de pensamento estavam, ambas, tomadas de afetuoso interesse pela vítima e profunda compaixão por seu sofrimento, portanto suas formas de pensamento exibem exatamente as mesmas cores, embora os contornos sejam totalmente diferentes. Aquela sobre a qual flutua uma esfera nebulosa está pensando: "Pobre homem, que pena!", enquanto aquela que dá origem ao disco claramente delineado está correndo para ver de que maneira pode prestar

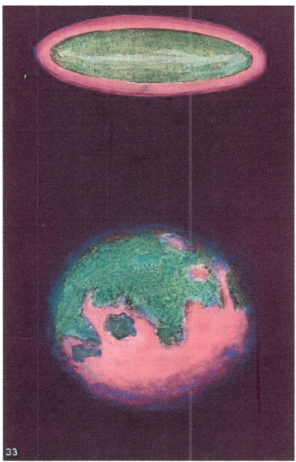

Figura 33: Num acidente de rua.

socorro. Um é um sonhador, embora de grande sensibilidade, o outro é um homem de ação.

Num funeral – Na figura 34 temos um exemplo dos mais impressionantes dos benefícios do conhecimento, e da mudança fundamental que se dá na maneira de pensar do homem pela compreensão clara das leis da natureza que nos regem. Completamente diferentes em termos de cor, desenho e significado, essas duas formas de pensamento

Figura 34: Num funeral.

foram vistas simultaneamente e representam dois pontos de vista relativos a um mesmo acontecimento. Foram vistas num funeral e mostram os sentimentos despertados em face da morte por dois dos que pranteavam o falecido. Os dois pensadores tinham o mesmo grau de afinidade com o homem morto, mas enquanto um deles ainda está preso à total ignorância sobre a vida suprafísica que é dolorosamente comum no presente, o outro tem a vantagem inestimável de possuir a luz da teosofia.

Nos pensamentos do primeiro vemos refletidos apenas profunda depressão, medo e egoísmo. O fato de a morte ter chegado tão próxima dele desperta-lhe na mente o pensamento de que um dia vai lhe acontecer a mesma coisa, e a antecipação é muito dolorosa; mas como ele não sabe do que sente medo, as nuvens que espelham seus sentimentos são difusas. Suas únicas sensações definidas são de desespero e perda, e são expressas em faixas regulares de cinza-amarronzado, enquanto a curiosa protuberância que desce até a sepultura e envolve o caixão denota um forte desejo egoísta de atrair o homem morto de volta à vida física.

É um alívio deixar esse quadro sombrio e ir

para o reflexo maravilhosamente diverso que as mesmas circunstâncias produziram na mente do homem que compreende os motivos do acontecido. Podemos observar que os dois não possuem qualquer emoção em comum; no exemplo anterior tudo era desânimo e medo, enquanto neste só encontramos os mais belos e elevados sentimentos. Na base da forma de pensamento observamos um reflexo de profunda compaixão: o verde claro indica compreensão pelo sofrimento dos que experimentam a perda e solidariedade para com eles, enquanto a faixa de verde mais intenso mostra seus sentimentos para com o morto. O rosa intenso demonstra amor tanto pelo morto quanto pelos vivos, enquanto a parte superior do cone e as estrelas que dele se erguem refletem os sentimentos despertados no pensador em face da morte, com o azul denotando o aspecto devocional, enquanto o violeta mostra a adesão e a capacidade de dedicar-se a um nobre ideal espiritual que sua contemplação provoca. A faixa amarela clara no centro da forma de pensamento é muito significativa, pois indica que a atitude da pessoa se baseia e é determinada por uma compreensão intelectual da situação, o que também é mostrado pela regularidade da disposição das cores e pela precisão das linhas de separação entre elas.

 A comparação entre as duas formas dessa figura é sem dúvida um testemunho impressionante do valor do conhecimento adquirido pelos ensinamentos teosóficos. É indubitável que esse conhecimento da verdade faz com que todo medo da morte desapareça e que a vida se torne mais fácil de viver, porque compreendemos seu objetivo e finalidade, e entendemos que a morte é um incidente perfeitamente natural no curso dela, um passo necessário para nossa evolução.

Isso devia ser de conhecimento geral nos países cristãos, mas não é; e nesse ponto, como em tantos outros, a teosofia tem uma boa nova a trazer para o mundo ocidental. Ela veio para anunciar que não existe um abismo de sombra impenetrável além da sepultura, mas em vez disso um mundo vivo e luminoso que pode ser conhecido por nós, tão clara, completa e precisamente como este mundo físico em que agora vivemos.

Criamos a escuridão e o medo para nós mesmos, como as crianças que se apavoram com histórias de fantasmas; precisamos apenas estudar as evidências existentes sobre o assunto para que toda essa bruma artificial desapareça.

Temos uma herança sombria a esse respeito, pois herdamos todos os medos fúnebres de nossos antepassados, estamos habituados a eles e não percebemos seu absurdo e monstruosidade. Os antigos eram, nesse aspecto, mais sábios do que nós, pois não associavam toda essa fantasmagoria sombria à morte do corpo – em parte talvez porque tivesse um modo mais racional de lidar com o corpo – um método que era não apenas infinitamente melhor para o defunto e mais saudável para os vivos, mas também evitava as associações de idéias deprimentes sobre a decomposição.[2] Eles sabiam muito mais sobre a morte antigamente, e porque sabiam mais, sofriam menos.

Encontro com um amigo – A figura 35 nos traz o exemplo de uma forma de pensamento bem clara e expressiva, com cada cor bem separada das demais. Representa o sentimento de um homem que encontra um amigo do qual esteve separado por longo tempo. A superfície convexa da meia-lua está próxima do pensador, e as duas extremidades

---
2 Sem dúvida, referindo-se à cremação (N.T.).

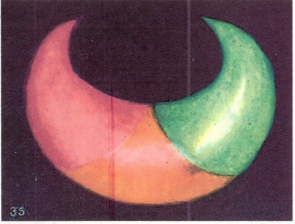

Figura 35: Encontro com um amigo.

se projetam em direção ao amigo que se aproxima, como para abraçá-lo.

A cor rosa naturalmente sinaliza a afeição sentida, o verde claro mostra a profunda simpatia que existe, e o amarelo claro indica o prazer intelectual com o qual o criador do pensamento antecipa o reviver das agradáveis lembranças de tempos passados.

Contemplação de um quadro – Na figura 36 temos uma forma de pensamento algo complexa, representando o prazer com a contemplação de uma bela pintura de tema religioso. O amarelo forte e puro revela o entusiástico reconhecimento da habilidade técnica do artista, enquanto todas as outras cores são expressões das várias emoções provocadas pela observação dessa notável obra de arte. O verde mostra a compaixão pela figura central do quadro, e a profunda devoção aparece não somente na ampla faixa azul mas também no contorno de toda a figura, enquanto o violeta nos diz que a pintura levou a mente do homem à contemplação de um elevado ideal, e fez com que, ao menos

Formas de Pensamento   79

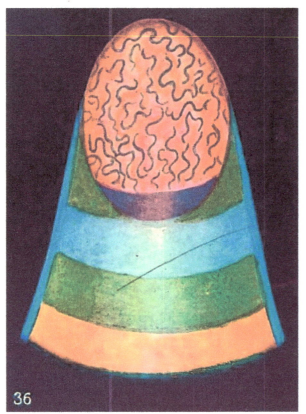

Figura 36: Contemplação de um quadro.

naquele momento, pudesse sintonizar com ele.

Temos aqui o primeiro exemplo de uma classe interessante de formas de pensamento das quais encontraremos adiante outros exemplos – aquele tipo nos quais o brilho de uma cor cintila através de uma rede de linhas de tom bem diferente. Vemos neste caso que da massa violeta se erguem vastas linhas ondulantes que descem como regatos sobre uma planície dourada e isso indica claramente que a aspiração elevada não tem um sentido vago, mas está embasada na compreensão intelectual e num entendimento claro da maneira pela qual ela pode se concretizar.

Formas que aparecem durante a meditação

Compaixão e amor por todos – Até aqui temos tratado basicamente de formas que são expressões de emoções, ou de pensamentos despertados na mente por circunstâncias exteriores. Agora vamos examinar algumas produzidas por pensamentos que brotam do interior – formas criadas durante a meditação – efeitos produzidos por um esforço deliberado por parte do pensador para formar determinado conceito ou colocar-se em certas condições.

Figura 37: Compaixão e amor por todos.

Naturalmente esses pensamentos são definidos, pois o homem treinado dessa forma aprende a pensar com clareza e precisão, e o desenvolvimento de sua capacidade se revela na beleza e regularidade das formas produzidas.

No presente caso, temos o resultado do esforço do pensador para colocar-se numa vibração de compaixão e amor por toda a humanidade, e daí surge uma série de graciosas linhas do verde luminoso da compaixão, com a intensa luz rosada do amor brilhando no meio delas (figura. 37). As linhas ainda são suficientemente largas e separadas para permitir que sejam desenhadas com facilidade – mas em alguns exemplos mais elevados de formas de pensamento desse tipo, as linhas são tão finas e próximas que não há mão humana capaz de representá-las como são na realidade. O contorno desta forma de pensamento é como o de uma folha, mas seu formato e a curva das linhas lembram mais certo tipo de concha, portanto é outro exemplo da semelhança com formas da natureza física, como notamos no comentário sobre a figura 16.

Anseio de envolver a todos – Na figura 38 temos um exemplo ainda mais elevado do mesmo tipo. Essa forma foi criada por alguém que tentava, em meditação, preencher a mente com um anseio de envolver toda a humanidade, a fim de atrair os homens para o elevado ideal que brilhava claramente diante de si.

Por conseguinte, a forma que cria parece projetar-se dele, fazendo uma curva ao seu redor e retornando à origem; por isso as linhas extraordinariamente finas são de um belo violeta luminoso, e do interior da forma irradia-se uma magnífica luz dourada que, infelizmente, é quase impossível de reproduzir. Pois a verdade é que essas linhas apa-

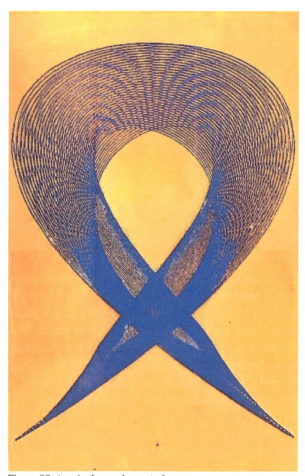

Figura 38: Anseio de envolver a todos.

rentemente intrincadas constituem na realidade uma única linha, que percorre repetidamente a forma, com infindável paciência e extraordinária precisão. É quase impossível que a mão humana pudesse executar um desenho assim na mesma escala, e de qualquer maneira o efeito das cores não poderia ser reproduzido, pois pode-se constatar na prática que ao se tentar desenhar linhas violetas bem finas lado a lado sobre um fundo amarelo, o

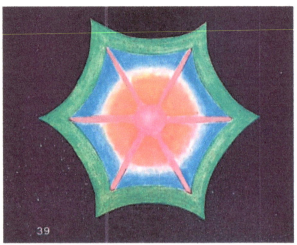

Figura 39: Nas seis direções.

resultado seria uma cor cinza, e toda semelhança com o original desapareceria. Mas o que não pode ser feito a mão às vezes se pode conseguir por meio da precisão superior e da delicadeza de um instrumento, e é desse modo que foi feito o desenho reproduzido em nossa ilustração – que conseguiu de certa forma representar o efeito das cores e a maravilhosa delicadeza das linhas e das curvas.

Nas seis direções – A forma representada na figura 39 é o resultado de outra tentativa de estender o amor e a compaixão a todas as direções – bastante similar àquele que deu origem à figura 37, embora o efeito pareça bem diferente. O motivo dessa diferença e desta forma curiosa ilustra de modo interessante a maneira pela qual as formas de pensamento crescem.

Pode-se notar que neste exemplo o pensador demonstra grande sentimento devocional e fez também um esforço intelectual para atingir as condições necessárias à concretização de seu intento – as cores azul e amarela são a evidência disso.

Figura 40: Uma concepção intelectual da ordem cósmica.

Originalmente esta forma de pensamento era circular, e a idéia básica era que o verde da compaixão ficasse na parte de fora, voltado para todas as direções, o que aconteceu, e o amor ficasse no centro do pensamento, irradiando sua energia. Mas o criador desta forma de pensamento tinha lido obras da literatura hindu, e seu pensamento foi bastante influenciado por isso. Os estudiosos da literatura oriental sabem que o hindus falam, não de quatro direções (norte, sul, leste e oeste) como fazemos, mas de seis, porque também incluem o zênite e o nadir.[1] Nosso amigo concluiu de suas

---

1 Zênite: posição do sol ao meio-dia, o ponto mais alto do céu. O

Figura 41: O Logos manifestado no homem.

leituras que deveria irradiar seu amor e compaixão "nas seis direções", mas como não conseguiu entender exatamente o que seriam elas, direcionou sua corrente de amor para seis pontos eqüidistantes do círculo. A irradiação alterou o formato do contorno que ele já havia criado, e então, em vez de um círculo na sua forma de pensamento, temos esse curioso hexágono com os lados curvados para dentro. Vemos daí com que fidelidade uma forma de pensamento assimila cada detalhe de sua criação, registrando de modo indelével até os erros da elaboração.

---
nadir é o seu oposto. (N.T.)

Uma concepção intelectual da ordem cósmica – Na figura 40 temos o resultado de uma tentativa de chegar a uma concepção intelectual da ordem cósmica. O pensador era obviamente um teosofista, e vê-se que quando ele tentou pensar na ação do espírito sobre a matéria, instintivamente seguiu a mesma imagem que figura no conhecido símbolo da sociedade. Temos aqui o triângulo com o vértice para cima, significando o Espírito trino, entrelaçado ao triângulo com o vértice para baixo, que indica a matéria com seus três aspectos. Geralmente representamos o triângulo com vértice para cima em branco ou dourado, e o de vértice para baixo num tom mais escuro, como azul ou preto, mas é digno de nota que nesse caso o pensador ficou tão concentrado em seu objetivo que só aparece a cor amarela dentro da forma. Não há lugar para sentimentos de devoção, de surpresa ou admiração; a idéia que ele quer concretizar preenche sua mente por inteiro, com exclusão de tudo mais. Mas a clareza do contorno que aparece contra o fundo de raios demonstra que ele atingiu um alto nível de sucesso.

O Logos manifestado no homem – Agora chegamos a uma série de pensamentos que estão entre os mais elevados que a mente humana pode conceber, ao meditar sobre a origem divina de sua existência. Quando o homem, em contemplação reverente, busca elevar o pensamento até o **Logos** do nosso sistema solar, naturalmente não tenta formar uma imagem desse augusto Ser, nem pensa Nele como possuindo uma forma inteligível. Não obstante, esses pensamentos criam formas na matéria do plano mental, e será interessante que as examinemos. Na ilustração da figura 41 temos um pensamento do **Logos** manifestado no homem, com a aspiração devocional de que Ele possa se manifestar através do pensador. É esse sentimento devocional que dá o tom azul claro à estrela de cinco pontas, e sua forma é significativa, pois tem sido usada por muitas eras como o símbolo de Deus manifestado no homem. O pensador talvez tenha sido um maçom, e o seu conhecimento do simbolismo maçônico pode ter influído para esse formato de estrela. Pode-se ver que a estrela está cercada de raios de um amarelo brilhante cintilando numa nuvem resplandecente, o que demonstra não somente um conhecimento reverente da suprema glória da Divindade, mas também um decidido esforço intelectual junto com a irradiação devocional.

O Logos que tudo permeia – As próximas três figuras são dedicadas à representação de um tipo de pensamento muito elevado – a tentativa de pensar no **Logos** como interpenetrando toda a natureza. Aqui também, como na figura 38, é impossível obter uma reprodução perfeita e temos que pedir aos leitores que façam um esforço de imaginação para suprir as deficiências do desenho e da impres-

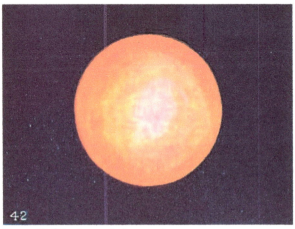

Figura 42: O Logos que tudo permeia.

são. O globo dourado que aparece na figura 42 deve ser imaginado dentro do outro globo de linhas delicadas (de cor azul) mostrado na figura 44. Qualquer tentativa de justapor essas cores no plano físico resultaria apenas numa mancha verde, de sorte que o verdadeiro aspecto da forma de pensamento se perderia. Somente por meio do instrumento antes referido foi possível representar a graça e delicadeza das linhas. Como no caso acima, uma única linha cria todo o magnífico traçado da figura 44, e o efeito das quatro linhas radiantes produzindo uma espécie de cruz luminosa deve-se ao fato de que as curvas não são realmente concêntricas, embora à primeira vista pareçam ser.

Uma outra concepção – A figura 45 exibe a forma criada por outra pessoa que tentava manter exatamente o mesmo pensamento. Aqui novamente temos uma fantástica complexidade de linhas azuis incrivelmente delicadas, e nossa criatividade precisa ser usada outra vez para colocar o globo dourado da figura 42, para que sua beleza possa se irradiar em todas as direções. Também, como na figura 44, temos um curioso e belo padrão que lembra de certa forma o lavor das antigas espadas orientais, o brilho da seda ou um reflexo achamalotado. Quando essa forma é desenhada pelo pêndulo, o resultado que se obtém não é intencional, mas conseqüente do entrecruzar das incontáveis linhas microscópicas. É evidente que quem criou a forma da figura 44 devia ter na mente sobretudo a unidade do **Logos**, enquanto aquele que criou a forma da figura 45 tinha em mente também os centros secundários através dos quais a vida divina se irradia, e em conseqüência muitos deles apareceram na forma de pensamento.

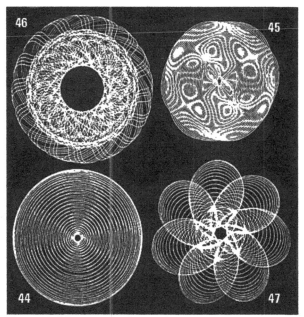

Figura 44: O Logos que tudo permeia.
Figura 45: Uma outra concepção do Logos que tudo permeia.
Figura 46: Manifestação trina.
Figura 47: Manifestação sétupla.

A manifestação trina – Quando concebeu a forma da figura 46, seu criador procurou pensar no **Logos**, em Sua manifestação trina. O espaço vazio no centro da forma tinha um brilho ofuscante de luz amarela, o que indica com clareza o primeiro aspecto do Logos, enquanto o segundo é simbolizado pelo amplo anel de linhas estreitamente entrelaçadas, quase emaranhadas, que circundam o centro, e o Terceiro Aspecto é indicado pelo anel exterior que parece de um tramado mais solto. A figura inteira é atravessada pela mesma luz dourada cintilando por entre as linhas violetas.

A manifestação sétupla – Em todas as religiões há remanescentes da grande verdade de que o **Logos** se manifesta através de sete grandes canais,

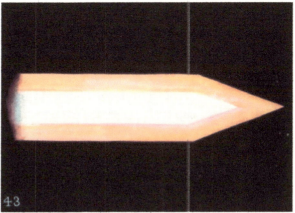
Figura 43: Aspiração intelectual.

muitas vezes chamados de Logoi[2] menores ou grandes Espíritos Planetários. Na doutrina cristã eles são os sete grandes arcanjos, algumas vezes chamados de os sete espíritos diante do trono de Deus. A figura 47 mostra o resultado da meditação sobre esse aspecto da manifestação divina. Temos o brilho dourado no centro, também (embora com menor radiância) atravessando a forma. A linha é azul e forma uma sucessão de sete pares de asas graciosas como plumas que circundam o brilho central e claramente fazem parte dele. À medida que o pensamento fica mais forte e se expande, essas lindas asas mudam de cor para violeta e ficam parecendo pétalas de uma flor, e se sobrepõem umas às outras numa intrincada configuração.

Isso nos permite entrever de forma interessante como se dá a formação e o crescimento dessas formas na matéria mais sutil.

Aspiração intelectual – A forma representada na figura 43 tem certa semelhança com a da figura 15, mas embora a beleza daquela, este é na realidade um pensamento bem mais elevado e grandio-

---
2 Logoi = plural grego de "logos" (N.T.)

so, e denota a evolução muito maior de quem o produziu. Aqui temos uma grande e bem definida forma de lança ou lápis do mais puro violeta claro, que indica dedicação ao mais elevado ideal, e é contornada e reforçada por uma expressão extremamente bela do mais alto desenvolvimento intelectual. Alguém capaz de ter esse pensamento já deve ter ingressado na Senda da Sabedoria, pois aprendeu a usar o poder do pensamento de forma efetiva. Pode-se perceber que nas duas cores há uma intensa mistura de luz branca, que sempre denota uma energia espiritual incomum.

Sem dúvida o estudo dessas formas de pensamento deve constituir uma lição prática das mais marcantes, pois através dela vemos ao mesmo tempo o que evitar e o que cultivar e podemos aprender aos poucos a ter noção de quão grande é a nossa responsabilidade pelo exercício desse imenso poder. De fato, é uma tremenda verdade, como dissemos no começo, que os pensamentos são coisas, e coisas poderosas; e precisamos lembrar que cada um de nós as está criando sem cessar, noite e dia.

Vede como é grande a ventura que esse conhecimento nos traz e quão magnificamente podemos utilizá-lo ao saber de alguém que esteja enfermo ou sofrendo. Muitas vezes as circunstâncias nos impedem de dar uma ajuda física através de palavras ou ações, por mais que o desejemos. Mas não há caso em que não possamos ajudar pelo pensamento, nenhum em que ele deixe de produzir um resultado. Pode acontecer muitas vezes que naquele instante nosso amigo esteja tão preocupado com o próprio sofrimento, ou angustiado demais, para receber e aceitar qualquer influência vinda de fora, mas finalmente chegará o momento em que nossa forma de pensamento poderá penetrar e atuar, e desse modo é certo que nossa compaixão irá produzir o devido resultado.

É fato que a responsabilidade por usar esse poder é enorme, mas não devemos deixar de fazer a nossa parte por isso. É lamentavelmente verdadeiro que existem muitas pessoas que inconscientemente utilizam o poder do pensamento muito mais para o mal, e isso faz com que seja ainda mais necessário que aqueles que estão começando a compreender um pouco mais a vida o usem conscientemente e para o bem. Dispomos de um critério que nunca falha: jamais faremos mau uso desse imenso poder do pensamento se o empregarmos sempre em harmonia com o grande plano divino da evolução, e para o progresso de nossos semelhantes.

Pensamentos de auxílio

As figuras de números 48 a 54 são o resultado de um empenho sistemático de enviar pensamentos de auxílio, feita pelo amigo que nos repassou suas observações. Foi marcado diariamente um horário específico. Às vezes as formas foram vistas pelo emissor, mas todas foram percebidas pelo receptor, que gentilmente nos repassou as seguintes observações a respeito:

"Nos desenhos coloridos anexos os traços azuis representam o aspecto devocional do pensamento. As formas amarelas refletem a intenção de transmitir fortaleza intelectual ou energia mental e coragem. O cor-de-rosa aparece quando o pensamento se mesclou de afetuosa compaixão. Quando o emissor (A) conseguia emitir seu pensamento na hora marcada, o receptor (B) registrava a visão de uma forma grande e bem definida como nas figuras 48, 49 e 54. Elas duraram alguns minutos, derramando sua "mensagem" amarela e luminosa sobre B. Se, entretanto, A estivesse atuando em condições difíceis – por exemplo, andando na rua – eventualmente veria suas formas se repartirem em esferas ou formas menores, como nas figuras. 50, 51, 52; e B as perceberia do mesmo modo.

Assim, muitos detalhes puderam ser conferidos e comparados pelos dois participantes, e a natureza do que era transmitido permitiu outras formas de verificação.

Numa ocasião, A, que tentara enviar um pensamento azul e rosa, foi tomado de ansiedade por achar que o teor do rosa pudesse não ser bem entendido. B relatou que inicialmente percebeu uma esfera bem definida, como na fig. 54, mas que de súbito desapareceu, substituída por uma sucessão de pequenos triângulos verde-claros como na fig. 53. Estes poucos desenhos dão apenas uma

Figura 48: Pensamento de auxílio.

idéia da variedade de formas geométricas ou com o formato de flores que foram vistas, mas nenhuma pintura ou desenho seria capaz de representar a ofuscante beleza de suas vívidas cores.

Figura 49: Pensamento de auxílio.

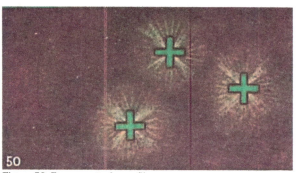
Figura 50: Pensamento de auxílio.

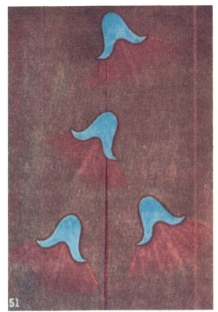
Figura 51: Pensamento de auxílio.

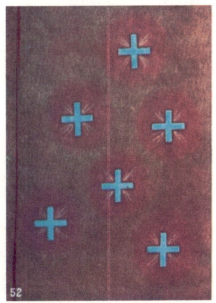
Figura 52: Pensamento de auxílio.

Formas de Pensamento 97

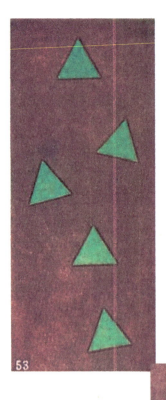

Figuras 52 e 53: Pensamentos de auxílio.

Formas produzidas pela música

Antes de encerrar este pequeno estudo talvez fosse de interesse de nossos leitores que déssemos alguns exemplos de outros tipos de formas desconhecidas por quem depende só dos sentido físicos para obter informações.

Muitas pessoas sabem que o som está sempre associado com a cor – que quando, por exemplo, uma nota musical é tocada, um lampejo da cor correspondente pode ser visto por aqueles que já têm os sentidos mais sutis algo desenvolvidos. Mas parece não ser tão bem conhecido o fato de que o som produz tanto formas quanto cores, e que toda peça musical produz um efeito assim, que persiste por bastante tempo e pode ser visto e entendido claramente por quem tem olhos para ver. Talvez não seja tecnicamente uma forma de pensamento, a não ser que a consideremos, o que é possível, como o efeito do pensamento do compositor, expresso pelo talento do músico em seu instrumento.

Algumas formas são bastante notáveis e impressionantes, e a sua variedade é infinita. Cada tipo de música tem seu próprio tipo de forma e o estilo do compositor se mostra tão claramente através da forma criada por sua música quanto o caráter um homem pela sua caligrafia. As formas podem variar também de acordo com o tipo de instrumento utilizado, e com o talento do instrumentista. As mesmas peças musicais, bem tocadas, produzirão sempre a mesma forma, mas esta será muito maior quando tocada no órgão de uma igreja ou por uma banda militar que quando tocada num piano, e não somente o tamanho será bem diferente. Haverá também uma diferença semelhante de textura entre o produto de uma peça tocada por um violino e a mesma obra executada por uma flauta.

A qualidade da execução também faz diferença, e há uma tremenda diversidade entre a radiosa beleza da forma produzida pela atuação de um verdadeiro artista, perfeita tanto em expressão como em execução, e outra mais opaca e indistinta que resulta de uma execução inexpressiva e mecânica. Qualquer imperfeição na execução acarreta um defeito correspondente na forma, e assim a qualidade da performance se revela de forma tão clara para o clarividente como para o ouvinte.

É óbvio que, se o tempo e as condições permitissem, centenas de volumes poderiam ser preenchidos por desenhos de formas produzidas por diversas peças musicais em situações diferentes; e o máximo que podemos fazer razoavelmente é dar alguns exemplos dos tipos principais. Para os objetivos desta obra decidimos limitar esses tipos a três, escolher músicas que apresentam contrastes facilmente identificáveis para facilitar a comparação, e apresentá-los como se mostraram quando tocados pelo mesmo instrumento – um excelente órgão de igreja.

Em cada uma das figuras a igreja aparece tão bem quanto a forma de pensamento que se eleva bastante acima dela, e embora os desenhos tenham sido feitos em escalas diferentes, a igreja é a mesma nos três casos, e portanto a dimensão relativa da forma sonora pode ser facilmente calculada. A altura real da torre da igreja é de aproximadamente um pouco menos de 30 metros, e assim podemos ver que a forma sonora produzida por um órgão potente é enorme.

Essas formas se mantêm durante um tempo considerável – uma hora ou duas no mínimo – e durante esse tempo ficam irradiando suas vibrações características em todas as direções, do mesmo modo que nossas formas de pensamento; e se a música for boa, o efeito das vibrações só pode ser o de elevar aqueles cujos veículos atingirem. Dessa forma, a comunidade tem uma grande dívida de gratidão para com o músico que irradia essas influências benignas, porque podem afetar positivamente centenas de pessoas que ele nunca viu nem verá no plano físico.

Mendelssohn

A primeira dessas formas, a menor e mais simples, é a da prancha M. Temos aqui uma forma representando a grosso modo um balão, com um contorno recortado constituído por uma linha violeta dupla. No interior dele há um conjunto de linhas de várias cores, quase paralelas a esse contorno, e outro conjunto semelhante que parece cruzar e interpenetrar o primeiro. Ambos os conjuntos de linhas brotam, é claro, do órgão no interior da igreja e sobem, atravessando o telhado em sua trajetória, já que a matéria física não constitui obstáculo para elas. No centro vazio da forma flutua uma quantidade de pequenas meias-luas que parecem se agrupar em quatro linhas verticais.

Vamos tentar agora dar algumas noções do significado dessa imagem, que pode parecer confusa aos neófitos, e explicar um pouco como ela surge. Devemos lembrar que esta é uma melodia simples, tocada uma só vez, e por isso podemos analisar a forma de um modo que seria totalmente impossível com outra mais extensa e complexa. Mesmo assim não é possível analisar todos os detalhes, como se verá.

Deixando por enquanto as bordas recortadas,

Figura M: Música de Mendelssonhn.

temos junto a elas um conjunto de quatro linhas de cores diversas indo na mesma direção, sendo a externa azul e as outras carmesim, amarelo e verde, respectivamente. Essas linhas são extremamente irregulares e tortas; na verdade, cada uma delas consiste de certo numero de linhas curtas, em vários níveis, que se unem perpendicularmente. Parece que cada uma dessas linhas curtas representa uma nota musical e a sua disposição irregular indica a sucessão de notas; assim, cada uma dessas linhas irregulares reflete o andamento de uma das partes da melodia; as quatro, se movendo

Formas de Pensamento   103

mais ou menos juntas, indicam o soprano, o contralto, o tenor e o baixo, embora não apareçam necessariamente nessa ordem na forma astral.

Aqui é necessário dar mais uma explicação. Mesmo com uma melodia simples como essa, há tons e matizes delicados demais para serem reproduzidos em qualquer escala a nosso alcance; portanto, é preciso dizer que cada uma dessas linhas curtas que representam as notas tem uma cor própria, e assim, embora no todo aquela linha externa dê a impressão de ser azulada e a próxima de ser carmim, cada uma varia ao longo de sua extensão, e desse modo o que é mostrado não é a reprodução correta de cada tom, mas apenas uma impressão geral dele.

Os dois grupos de quatro linhas que parecem se cruzar resultam de duas partes da melodia; o contorno recortado que cerca o conjunto é o resultado de vários floreios e arpejos, e as meias-luas flutuando no centro representam acordes isolados ou *staccatos*. Naturalmente os arpejos não são totalmente violetas, pois cada qual tem uma nuance, mas no todo se aproximam mais dessa cor do que de qualquer outra.

A altura a que essa forma chega, acima da torre da igreja, é provavelmente um poucos mais de 30 metros, mas como também se estende para baixo, passando pelo telhado da igreja, seu diâmetro perpendicular total pode ser de cerca de 45 metros. Essa forma é produzida por uma das *Romanças sem palavras* de Mendelssohn, e é típica do delicado efeito de filigrana que resulta com freqüência de suas composições.

Percebe-se a forma toda se projetando contra um fundo multicolorido cintilante, que é na realidade uma nuvem que a envolve por todos os lados, causada pelas vibrações que se irradiam dela em todas as direções.

Gounod

Na prancha G temos uma peça totalmente diversa – um coro retumbante de Gounoud (*Saldiers Chorus from "Faust"*). Como a igreja da ilustração é a mesma, é fácil calcular que neste caso o ponto mais alto da forma deve se erguer a uns 180 metros acima da torre, embora o diâmetro perpendicular da forma seja um pouco menor do que isso, pois o organista acabou de tocar alguns minutos antes, e a forma perfeita ainda flutua bem alto, claramente definida e meio esférica – um esferóide achatado. Esse esferóide é oco, como todas estas formas, pois está crescendo lentamente – expandindo-se aos poucos para fora a partir do centro, mas ao mesmo tempo tornando-se gradualmente menos vívido e mais etéreo, até que por último perde a forma e se dilui como um anel de fumaça. O resplendor dourado que o cerca e interpenetra indica, como no caso anterior, a irradiação de sua vibração, com o amarelo predominante em proporção maior do que na música mais suave de Mendelssohn.

O colorido aqui é muito mais brilhante e intenso do que na prancha M, pois a música não é uma melodia que embala, mas a explosão de uma

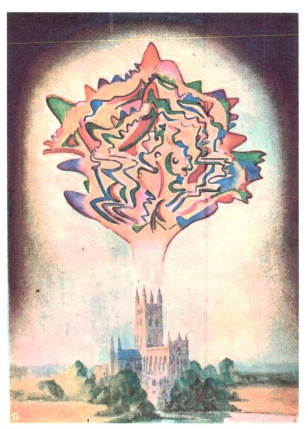

Figura G: Música de Gound.

esplêndida sucessão de acordes. O desenhista procurou mostrar o efeito dos acordes e não o das notas separadas, o que dificilmente seria possível numa escala tão diminuta, portanto fica mais difícil aqui seguir o desenvolvimento da forma, pois nesta peça mais longa as linhas se cruzaram e misturaram e quase que só restou o grandioso efeito geral que o compositor quis fazer-nos sentir – e ver, se fôssemos capazes disso. Contudo, pode-se perceber algo do processo de construção da forma e o ponto mais fácil para começar é o que fica mais abaixo, à esquerda de quem observa a figura.

A grande protuberância violeta que se vê ali é com certeza o acorde inicial de um trecho da música, e se acompanharmos a linha de contorno da forma, para cima e em volta da circunferência, poderemos ter uma idéia da natureza desse trecho. Olhando mais de perto, veremos duas outras linhas mais para dentro, mais ou menos paralelas à exterior, que mostram uma sucessão de cores semelhante, em menor escala, podendo indicar uma repetição mais delicada do mesmo trecho.

Uma análise cuidadosa nos demonstraria que existe uma ordem real nesse aparente caos, e veríamos que se fosse possível reproduzir essa forma radiosa de maneira precisa, até os mínimos detalhes, também se poderia desmembrá-la pacientemente, por inteiro, e relacionar cada delicado e cintilante toque de cor com a nota que o produziu.

Não devemos esquecer que nesta ilustração foram mostrados muito menos detalhes que na prancha M; por exemplo, cada um desses pontos ou projeções traz dentro de si, como partes integrantes, pelo menos as quatro linhas ou faixas de várias cores que vemos separadas na prancha M, mas aqui estão misturadas num mesmo tom, e só percebemos o efeito geral do acorde. Em M nós unimos horizontalmente uma série de notas numa só, e tentamos mostrar suas características, mantendo intacto o efeito das quatro partes simultâneas, empregando uma linha de cor diferente para cada uma. Em G tentamos exatamente o oposto, e unimos verticalmente e misturamos não as notas sucessivas de um trecho ou o acorde, mas um acorde com seis ou oito notas. A verdadeira imagem une esses dois efeitos, com uma inexprimível riqueza de detalhes.

Wagner

Ninguém que tenha se dedicado a estudar um pouco essas formas musicais hesitaria em atribuir a maravilhosa cadeia de montanhas representada na prancha W resultante da execução do prelúdio do *The Meistersingrs*, ao gênio de Richard Wagner, pois nenhum ouro compositor construiu estruturas sonoras com tanta força e determinação. Neste caso temos uma vasta estrutura em forma de sino de uns 270 metros de altura e um pouco menos de diâmetro na base, pairando no ar acima da igreja da qual partiu.

É uma forma oca, como a de Gounod, mas diferente daquela, é aberta na base. A semelhança com a sucessão de contrafortes de uma montanha é quase perfeita, e é acentuada pela massa ondulada de nuvens que gira entre os penhascos e dá um efeito de perspectiva. Neste desenho não se fez qualquer tentativa de mostrar o efeito de notas isoladas ou acordes; cada "cordilheira" criada expressa reflete, por seu tamanho, forma e cor, o efeito geral de um dos trechos da música, vistos à distância. Mas deve-se entender que, na realidade, tanto esta quanto a forma da prancha G são repletas de pequenos detalhes como a da prancha M, e que todas essas magníficas massas coloridas são

Figura W: Música de Wagner.

constituídas de muitas outras faixas menores que não seriam visíveis separadamente, na escala desse desenho. O resultado é que cada pico de montanha tem o seu próprio tom brilhante, como visto na ilustração – um esplêndido jorro de cores vívidas, cintilando com a beleza de sua luz própria, espalhando um resplendor radioso sobre todo o campo ao redor. Ao mesmo tempo, de dentro de cada uma dessas massas de cor outras cores cintilam constantemente, como sobre uma superfície de metal fundido, e as irradiações e cintilações dessas fantásticas estruturas astrais estão muito além do poder de descrição da linguagem humana.

Uma característica impressionante desta forma é a diferença radical entre os dois tipos diferentes de som que aparecem nela, um produzindo as formas angulosas como de rochas e o outro as nuvens redondas e ondulantes entre elas. Outros temas musicais são mostrados pelas largas faixas de azul, rosa e verde que aparecem na base do sino, e as linhas sinuosas brancas e amarelas que oscilam entre elas são provavelmente produzidas por um arpejo ondulado do acompanhamento.

Nessas pranchas foram figuradas apenas as formas criadas pelas vibrações sonoras, embora a visão clarividente em geral perceba em volta muitas outras formas menores, resultantes dos sentimentos do executor e da emoção despertada na audiência pela música.

Recapitulando, sucintamente: na prancha M temos uma forma pequena e relativamente simples desenhada com muitos detalhes, com algo resultante de cada nota; na prancha G temos uma forma mais elaborada, de tipo bem diferente, retratada com menos detalhes, pois não se tentou figurar as notas separadas, apenas mostrar como cada acorde se expressa em forma e cor; na prancha W temos uma forma ainda maior e mais rica, em cuja representação se evitou detalhes, para que se veja o efeito da peça como um todo, de modo aproximado.

Naturalmente, todos os sons produzem efeitos na matéria astral e mental – não apenas as seqüências ordenadas de sons a que chamamos música. Talvez algum dia as formas produzidas por outros sons menos eufônicos possam ser retratadas, embora estejam além do objetivo deste estudo; enquanto isso, os que tiverem interesse nisso podem ler sobre elas na pequena obra *O Lado Oculto das Coisas*.[1]

É bom termos sempre em mente que existe um lado oculto na vida – que cada ato, cada palavra e cada pensamento tem conseqüências no mundo invisível bem perto de nós, e que em geral esses efeitos têm uma importância infinitamente maior que aqueles que se pode ver no plano físico. Consciente disso, o homem sábio vive de acordo com essa realidade, levando em conta a totalidade do mundo em que vive e não apenas sua casca externa. Assim evita uma infinidade de problemas e torna sua vida não só mais feliz como muito mais útil a seus semelhantes.

Mas fazer isso requer conhecimento – aquele conhecimento que é poder; e no mundo ocidental, esse conhecimento praticamente só se obtém através da literatura teosófica.

Existir não é o suficiente: desejamos viver inteligentemente. Mas para viver precisamos conhecer, e para conhecer precisamos estudar, e aqui temos um vasto campo desenrolado à nossa frente, e se nele entrarmos recolheremos os frutos do esclarecimento. Portanto, não percamos mais tempo nos cárceres escuros da ignorância, mas avancemos com coragem na direção da gloriosa luz da sabedoria divina, que nestes tempos modernos é chamada de Teosofia.

Fim

---

[1] De C.W. Leadbeater.

Habitantes dos Mundos Invisíveis é uma obra de grande importância e significado para todos os espiritualistas, pesquisadores e interessados nos assuntos transcendentais. Versa sobre os moradores dos mundos invisíveis que rodeiam a Terra, destacando-se por sua clareza, objetividade, profundidade e rigor conceitual, dificilmente encontrados em obras do gênero, sendo notável também pelo universalismo e ausência de preconceitos. O autor, Edilson Pedrosa, baseou-se em sua experiência investigativa e nos seus vastos conhecimentos de teosofia já demonstrados em livro anterior, ***Um Olhar sobre a Filosofia Esotérica***, mas manteve como pano de fundo pesquisas de clarividentes altamente qualificados, como Geoffrey Hodson e C. Jinarajadasa, que perscrutaram por si mesmos o mundo oculto e o descreveram com narrativas instigantes.

O leitor deve estar ciente de que não se trata de um livro sobre magia prática, sendo antes a fundamentação teórica da existência, descrição e classificação dos mais conhecidos seres dos planos acima do material. Desse modo, este trabalho vem completar o conhecimento que devemos ter de nós mesmos e do mundo que nos cerca. Por seu intermédio, poderemos ter uma visão mais aprofundada a respeito de diversos moradores de grande elevação espiritual situados além do mundo material, ainda que umbilicalmente ligados à Terra, como os anjos e os *nirmanakayas*, bem como dos elementais: fadas, gnomos, duendes e de outros espíritos da natureza, bons ou maus.

Com a edição de mais esta obra, a Editora do Conhecimento, que já conta com um catálogo considerável de obras teosóficas, vem ampliar a disponibilidade ao público de livros do gênero, publicados em seu selo "Teosofia – a Força da Verdade".

FORMAS DE PENSAMENTO
foi confeccionado em impressão digital, em julho de 2025
Conhecimento Editorial Ltda
(19) 3451-5440 — conhecimento@edconhecimento.com.br
Impresso em Luxcream 80g. - Stora Enso